FLEXIBLE VERBUND-MATERIALIEN

IN ARCHITEKTUR, BAUWESEN UND INNENARCHITEKTUR

René Motro (Hrsg.)

FLEXIBLE VERBUND-MATERIALIEN

IN ARCHITEKTUR, BAUWESEN UND INNENARCHITEKTUR

BIRKHÄUSER
BASEL

Diese Publikation wurde ermöglicht durch
die Unterstützung der Unternehmensgruppe
Serge Ferrari.

Layout, Covergestaltung und Satz:
PROXI, Barcelona

Projektkoordination:
Henriette Mueller-Stahl, Berlin

Übersetzungen ins Deutsche:
ARCHITEXT (Anne Kuhn, Brigitte Manigk),
Dresden und Marseille

Autoren der Fallbeispiele:
Richard Palmer: rp
Arno Pronk: ap
Wolfgang Sterz: ws
Jean Vasseur: jv
Ivo Vrouwe: iv

In diesem Buch werden etwa bestehende
Patente, Gebrauchsmuster, Warenzeichen
u.ä. nicht erwähnt. Wenn ein solcher Hinweis
fehlt, heißt das nicht, dass eine Ware oder
ein Warenname frei ist. Aufgrund der Vielzahl
der unterschiedlichen genannten Materialien
und Produkte war eine jeweilige Prüfung
hinsichtlich eines eventuell vorhandenen
Markenschutzes nicht möglich. Im Zuge einer
einheitlichen Handhabung wurde deshalb auf
die Setzung von Warenzeichen (z.B. ® oder
TM) verzichtet.

Bibliografische Information der Deutschen
Nationalbibliothek

Die Deutsche Nationalbibliothek verzeichnet
diese Publikation in der Deutschen Natio-
nalbibliografie; detaillierte bibliografische
Daten sind im Internet über http://dnb.d-nb.
de abrufbar.

Dieses Buch ist auch in einer englischen
Sprachausgabe (ISBN 978-3-7643-8972-7)
und einer französischen Sprachausgabe
(978-3-0346-0709-4) erschienen.

© 2013 Birkhäuser Verlag GmbH, Basel
Postfach 44, 4009 Basel, Schweiz
Ein Unternehmen von De Gruyter

Gedruckt auf säurefreiem Papier, hergestellt
aus chlorfrei gebleichtem Zellstoff. TCF ∞

Printed in Germany

ISBN 978-3-7643-8971-0

9 8 7 6 5 4 3 2 1
www.birkhauser.com

FALLSTUDIEN

INES DE GIULI
und ROMAIN FERRARI

FLEXIBLE VERBUNDMATERIALIEN: HERSTELLUNG UND NEUE NUTZUNGEN EINES POLYMORPHEN MATERIALS

Eine von vielen Formen technischer Textilien.

EINLEITUNG

Textilien (lateinisch *textilis*, vom Verb *texere*, das „weben, konstruieren, verbinden, flechten" bedeutet) sind in der Geschichte der Menschheit schon seit langem vertreten. Archäologen haben Stoffstücke gefunden, die mindestens auf das Jahr 8000 vor unserer Zeitrechnung zurückgehen. In Ägypten, das im Altertum für seine Leinenproduktion berühmt war, wurden Stoffe gefunden, die vermutlich 4500 v. Chr. hergestellt wurden. Es gab sicher eine Zeit, die nur einen einzigen, aus wildwachsenden Fasern hergestellten Gewebetyp kannte. Heute zeichnen sich Textilien durch eine permanent erweiterte Vielzahl an Arten und Anwendungsbereichen aus. Der technische Fortschritt hat mit der Entwicklung der synthetischen Fasern neben den Naturfasern nicht nur neue Generationen von Fasern hervorgebracht, sondern auch neue Fertigungsverfahren ermöglicht, die zu einer Vervielfältigung der Fasereigenschaften und damit zu einer Diversifizierung der Anwendungsbereiche führten.

Während Textilien zunächst der Bekleidung vorbehalten blieben, sind sie heute nicht nur in der Luftfahrt und Elektronik, sondern auch in der Medizin und im Bauwesen präsent, und permanente Innovationen streben nach einer immer besseren Anpassung an die steigenden Anforderungen der durch die technischen Verfahren erschlossenen Anwendungsbereiche. Mit der Integration des Anspruchs auf Nachhaltigkeit und Energieeffizienz reagiert die Textilindustrie auf Herausforderungen, denen heutzutage alle großen Industriebereiche gegenüberstehen. Über die Netzwerke und Verbände von Universitäten, Forschungszentren und Labors führt sie das multidisziplinäre Wissen zusammen, damit neue Generationen hoch qualifizierter Produkte entstehen.

TEXTILIEN: EIN POLYMORPHES MATERIAL

HERKÖMMLICHE TEXTILIEN

Textilien decken heutzutage ein ausgesprochen weites Feld an Materialien ab. Auch wenn sie durch ihr Herstellungsverfahren definiert sind, geht ein Großteil ihrer Eigenschaften auf das verwendete Ausgangsprodukt, die Faser, zurück. Es ist im Übrigen oft und bezeichnenderweise die Textilfaser, die auch dem Endprodukt seinen Namen verleiht: Leinen, Seide oder Baumwolle bezeichnen die Herkunft der Faser und den fertigen Stoff. Die erste Unterscheidung, die gemacht wird, wenn man Textilien in Kategorien einzuteilen versucht, die Unterscheidung zwischen herkömmlichen und technischen Textilien, ist zum einen modern, da sie die historische Entwicklung ins Spiel bringt, nimmt aber zugleich auch auf die Herstellung Bezug. Herkömmliche Textilien, deren Herstellung und Verwendung am weitesten zurückreicht, dienen vor allem der Ästhetik und dem Komfort. Sie betreffen die Bereiche Kleidung und Dekoration. Dagegen lassen sich technische Textilien als Produkte definieren, deren technische Leistungen und funktionale Eigenschaften wichtiger sind als ästhetische und dekorative Merkmale. Diese Kategorie tritt jedoch weniger als ein eigener Wirtschaftszweig, sondern eher als eine Erweiterung und Diversifizierung des traditionellen Textilsektors in Erscheinung. Die Unterscheidung ergab sich aus der rasanten Entwicklung der gleichnamigen Industrie in der Folge des wissenschaftlichen Fortschritts und der Entstehung neuartiger Fasergenerationen aus chemischen Verfahren zu Beginn des letzten Jahrhunderts.

Oben: Extrusionsverfahren.   Unten: Webverfahren.

TEXTILIEN FÜR TECHNISCHE ZWECKE (TECHNISCHE TEXTILIEN)

Seit den 1980er Jahren erlebt die Textilindustrie vor allem aufgrund der Konkurrenz sogenannter Billiglohnländer, wie z. B. China und einiger osteuropäischer Staaten, einen starken Rückgang. Diese verschärfte Konkurrenz führte zum Verlust von Tausenden von Arbeitsplätzen und dem Schließen zahlreicher Fabriken der früheren europäischen Schlüsselindustrie. Zahlreiche Unternehmen aus dem Bekleidungssektor versuchen, sich auf Marktsegmente mit einem hohen Mehrwert umzuorientieren, die weniger unter dem Einfluss der Lohnkosten stehen und höhere Gewinne ermöglichen. Neuartige Fasern stellen einen wachsenden Anteil am Textilmarkt in Deutschland, Frankreich und Italien sowie in den USA und in Japan dar.

Im Zuge der Funktionalisierung technischer Textilien definieren die physischen, mechanischen und chemischen Leistungsanforderungen die neuen Rahmenbedingungen. Die heutige Industrie für hochwertige Textilien verwendet modernste Fertigungsverfahren mit präzisen Leistungsbeschreibungen und strengen Qualitätskontrollen.

Die Herstellung technischer Textilien besteht im Wesentlichen aus fünf Phasen. Die erste betrifft die Herstellung des Garns aus einer oder mehreren hundert Fasern in einem Extrusionsverfahren, dessen Ausgangspunkt geschmolzene Polyesterkörnchen oder Glasperlen sind. Das erhitzte Ausgangsmaterial wird in eine Düse (ein als Form dienendes Metallteil) eingeleitet, die ihm die lang gestreckte Form verleiht, bevor es verstreckt wird. In der zweiten Phase, dem Weben des Garns, entsteht das eigentliche Gewebe, das auch als Rohware bezeichnet wird, da es noch nicht „gebleicht" bzw. weiterverarbeitet wurde. In der dritten Phase wird das rohe Gewebe mit einer Substanz beschichtet, die zumeist aus PVC (Polyvinylchlorid), Silikon oder PTFE (Polytetrafluorethylen) besteht und mit chemischen Bestandteilen, wie z. B. Farbstoffen, Weichmachern, Wärmestabilisierungsmitteln, Fungiziden, angereichert wurde. Die Beschichtung kann auf einer oder auf beiden Seiten erfolgen und mehrmals wiederholt werden. In einer vierten Phase wird die Oberfläche der Textilie lackiert, bevor sie dann in der letzten Phase in Ballen abgepackt wird.

Bei den beschichteten Textilien wird das rohe Gewebe einer Reihe von Vorbehandlungen unterzogen, bevor es auf einer oder beiden Seiten mit PVC und im Fall von Polyestergewebe mit Silikon oder PTFE überzogen wird. Für die Lackierung wird in der Regel ein fluorierter Lack verwendet, der die Dichtigkeit der Oberfläche, z. B. bei Polyestergeweben mit PVC-Beschichtung, erhöht, um ihr mehr Widerstandskraft gegen Schmutz, Schimmel und ultraviolette Strahlung zu verleihen.

Es ist die Kombination mehrerer Funktionen, die den technischen Charakter der Textilie definiert. Das Endprodukt verfügt über vielfältige, auf den jeweiligen Verwendungszweck abgestimmte Qualitäten: ein Gewicht bzw. Flächengewicht zwischen 250 und 1.500 g/m^2, eine Dicke zwischen 0,5 und 1,5 mm, eine in cm gemessene Breite (Standardbreite), eine Zug- und Reißfestigkeit zwischen 150 und 1.500 daN/5 cm (d. h. dass ein Streifen von 5 cm reißt, wenn je nach Stoff eine Zugkraft von 150 bis 1.500 daN angewendet wird), eine Längsdehnung bei statischer Belastung, eine mehr oder weniger starke Durchlässigkeit, eine Brandklasse (bestimmte Textilien gehören im Rohzustand sogar, wie Beton oder Metall, zur Kategorie feuerfest), eine Festigkeit gegen Mikroorganismen, eine mechanische Festigkeit, eine Farbfestigkeit bei Erwärmung, Feuchtigkeit und Sonneneinstrahlung, eine Durchlässigkeit oder Rückstrahlung von Licht oder Sonnenenergie sowie akustische Eigenschaften (ausgesprochen dünne Produkte können bis zu 60 % der Schallwellen absorbieren) oder thermische Eigenschaften (durchbrochene technische Textilien für Rollos blockieren 70 % bis 96 % der Sonnenwärme).

Oben: Blick in eine Weberei.   Unten: Flexibler Verbundwerkstoff als Endprodukt.

TEXTILE TECHNOLOGIEN IN DER ARCHITEKTUR

Für 90 % der in der modernen Architektur verwendeten Membranen werden drei Typen beschichteter Textilien eingesetzt: Glasfasern, d. h. ein glasfaserverstärkter polymerer Verbundwerkstoff mit PTFE-Beschichtung, Polyester mit PVC-Beschichtung und mit ETFE (Ethylen-Tetrafluorethylen) beschichtete Folie.

Mit PTFE bzw. Teflon beschichtetes Glasfasergewebe fand vor allem in pneumatischen Tragstrukturen Verwendung. Es ist pflegeleicht und relativ leicht auszuwechseln. PTFE wird erst seit den 1970er Jahren für Gebäude verwendet, die transparenten ETFE-Hochleistungsfolien haben sich erst Mitte der 1990er Jahre durchgesetzt. PTFE-beschichtetes Glasfasergewebe ist heute sehr viel kostspieliger. Es ist weniger elastisch und flexibel, was die Rissbildung und Abnutzung der Beschichtung beschleunigt. Neben diesen drei hauptsächlich verwendeten Textilien gibt es, laut der Aufstellung von Philip Drew in seiner Publikation „New Tent Architecture" (New York: Thames & Hudson, 2008), noch viele andere: unbeschichtete bzw. durchbrochene Materialien, mikroperforierte Membranen mit gutem Schallabsorptionsvermögen, unbeschichtete oder imprägnierte Textilien mit niedriger oder hoher Gewebefeinheit für Innenräume, schwer entflammbare innen beschichtete Polyestergewebe, Glasgewebe mit niedrigem Emissionsvermögen, fluorierter Polymerbeschichtung und schallabsorbierender Struktur. In der Architektur verwendete Textilien sind, darauf weist Drew hin, ein hoch spezialisierter Bereich.

Die Forschung bringt immer neue Materialien aus noch robusteren und widerstandsfähigeren Fasern hervor. Architekturtextilien dienen künftig als Filter für unerwünschte Umwelteinflüsse, wie z. B. direktes Sonnenlicht, aber sie können auch Strom erzeugen, wenn dünne Photovoltaikpaneele in ihre Struktur integriert werden. Als Royal Philips Electronics im Jahr 2005 Textilien vorstellte, die Leuchtdioden enthielten, ohne die Geschmeidigkeit des Materials zu beeinträchtigen, waren photonische Textilien geboren.

Im Bauwesen erobern Textilien selbst das Innere von Betonwänden. Sie verbessern das Brandverhalten, indem sie den Wasserdampf nach außen leiten und damit das Bersten der Wände verhindern. Auf Metallbewehrungen angebracht, ermöglichen Textilien eine Verringerung der schützenden Betonschicht und damit eine bedeutende Reduzierung des Gewichts der Bauwerke. Es gibt auch schon den mit Textilien bewehrten Beton, womit sogar Metallbewehrungen schon nicht mehr zeitgemäß wären.

Textilien für technische Zwecke sind im Gegensatz zu dem in Europa wenig dynamischen Sektor für herkömmliche Textilien ein vielversprechender Wirtschaftszweig. Das Wachstum dieses Bereichs setzt jedoch die Beherrschung neuer Techniken voraus, um u.a. die Kosten im Zusammenhang mit der Automatisierung und Stabilisierung der Komponenten und Verfahren zu reduzieren. Die Zukunft technischer Textilien basiert nicht nur auf einer verbesserten Flexibilität des Fertigungssystems, sondern auch auf der Entwicklung von Produkten mit einem sehr hohen Mehrwert, wie z. B. den auch Smart Fibers genannten „intelligenten" Produkten oder interaktiven und adaptiven Textilien mit „Sensoren" für Informationen und Fasern, die auf bestimmte Informationen reagieren. Die Herstellung des Ausgangsmaterials für technische Textilien erfordert Entwicklungen und Verfahren, die über ein einfaches Zusammenfügen von Fasern weit hinausreichen und ihrerseits Ergebnisse hoch qualifizierter Erprobungsprozesse sind.

FERTIGUNG DES AUSGANGSMATERIALS

HERSTELLUNG DES GARNS

Technische Textilien sind funktionale Produkte, deren spezifische Eigenschaften von ihrer Verwendung diktiert werden. Sie können gewoben, gewirkt oder geflochten sein oder als Vliesstoffe vorliegen. Auf das erhaltene Material werden in der Regel Appreturverfahren angewendet, bevor das Fertigprodukt oder Halbfertigprodukt entsteht. Das Garn wird aus einem chemischen Präparat im Extrusionsverfahren hergestellt, das die Aufnahme von Zusatzstoffen ermöglicht, um das Ausgangsmaterial im Hinblick auf die gewünschten Leistungen zu funktionalisieren. Filamentgarne bestehen aus wenigen bzw. bis zu mehreren Tausend Filamenten, mit Durchmessern unter einem Mikrometer bei Mikro- oder Nanofasern oder von etwa einem Millimeter bei Monofilamenten. Anschließend ermöglicht das Spinnverfahren die Mischung von Fasern mit sich ergänzenden Eigenschaften, wie z. B. die Kombination von Aramid mit präoxidierten Fasern für die Herstellung von Hybridgarnen. Solche Hybridgarne können durch Bearbeitungen, wie Beschichtung, Imprägnierung oder Verbesserung der Anhaftung durch Harze, die ihnen weitere Qualitäten verleihen, angereichert werden. Das Umspinnen, bei dem ein Garn, häufig ein als Kern verwendetes Elastomer, z. B. Elasthan, mit einer Mantelfaser aus Polyamid, Polyester oder Baumwolle ummantelt wird, oder das Zwirnen verleihen neue mechanische Qualitäten.

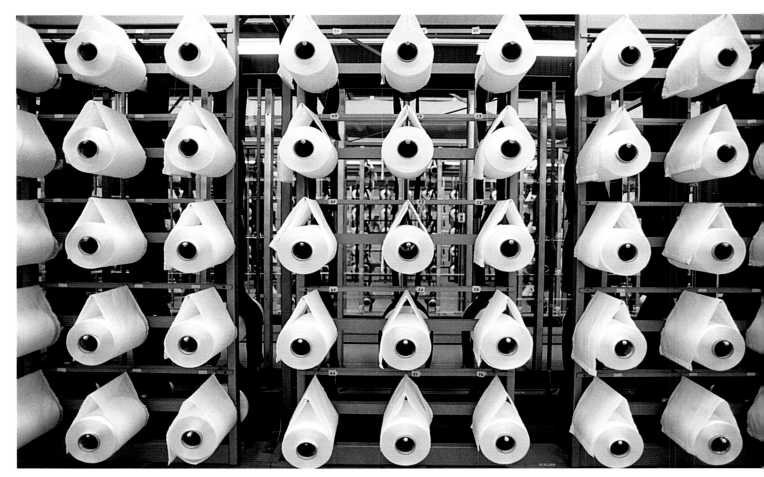

Textilballen vor der Weiterverarbeitung

VOM GARN ZUR TEXTILIE

Durch die Konstruktion des eigentlichen Gewebes, das Weben, bei dem die in Richtung der Kette (Länge) verlaufenden Fäden mit den rechtwinklig zur Kette verlaufenden Schussfäden (Breite) in einer Ebene verkreuzt werden, entsteht die Bindung. In der Textilbranche werden traditionell drei grundlegende Bindungsarten unterschieden: die Leinwandbindung, bei der jeder Kettfaden abwechselnd über und unter einem Schussfaden zu liegen kommt, die Köperbindung, die sich durch einen schräg verlaufenden Grat auf der Vorderseite und eine glatte Rückseite auszeichnet, und die Atlasbindung mit einer feinen, glänzenden Vorderseite und einer matten Rückseite, die das in arithmetischer Hinsicht reichhaltigste Gewebe ergibt. Die Weberei ermöglicht tatsächlich eine unendliche Vielfalt an Oberflächen: vom Unidirektionalgelege über Stoffe mit mehreren Kilogramm pro Quadratmeter bis zu einem netzartigen Gewebe mit wenigen Fäden pro Quadratmeter. Ihre Eigenschaften hängen in erster Linie von der Ausrichtung der Fäden oder Fasern ab. Man spricht von Textilflächen oder Stoffen, wenn die Fäden in einer Ebene angeordnet sind, und von 3D- oder Abstandstextilien, wenn die Fäden in den drei Richtungen des Raums verlaufen. In jeder genannten Kategorie kann die Ausrichtung der Fäden in der Ebene axial, biaxial oder multiaxial sein. 3D-Textilien bestehen aus Fasern, die räumlich so angeordnet sind, dass Volumen entstehen, deren Wände in drei Dimensionen strukturiert sind.

TEXTILVEREDELUNG:
FORMGEBUNG FÜR DAS AUSGANGSMATERIAL

Ziel der Veredelungstechniken ist es, die Eigenschaften der Rohtextilie zu modifizieren und ihr bestimmte Merkmale zu verleihen, damit sie den funktionalen Anforderungen ihres Gebrauchs entspricht. Die Textilie wird zunächst mit verschiedenen Verfahren vorbereitet: Abflammen zur Beseitigung der aus dem Gewebe herausragenden Fäserchen, Entschlichten zur Entfernung des vorher auf den Kettfäden angebrachten Schutzfilms oder das in der technischen Branche geläufigere Entschmälzen zur Entfernung des vor dem Spinnen aufgetragenen fetthaltigen Belags und die Heißfixierung zur Gewährleistung der Formbeständigkeit. Die wichtigsten Veredelungsverfahren sind das Färben, das Bedrucken oder das Beflocken, ein Projektionsverfahren, das eine Beschichtung mit einer faserigen, samtartigen oder flauschigen Oberfläche ermöglicht. Der Einsatz chemischer oder mechanischer Appreturen, wie z. B. das Schmirgeln oder das Aufrauen, sind ebenfalls sehr geläufig. Die Schlichte für Glasfasergewebe dient dazu, diese Gewebe für die später aufgetragenen Harze kompatibel zu machen. Um eine Textilie feuerfest, wasserabweisend, antistatisch, antibakteriell oder abriebfest zu machen oder um ihren UV-Schutzfaktor zu erhöhen, erhält sie in der Regel eine chemische, aus Polymerharzen bestehende Deckappretur. Die Textilie wird dafür in ein Bad eingetaucht. Dabei sollte eine maximale Verträglichkeit zwischen der Faser und den verschiedenen Rezepturen auf der Grundlage von Polyvinylchlorid, Polyurethan, Acryl, natürlichen oder synthetischen Elastomeren gewährleistet sein. Die Haftung wird z. B. dadurch verbessert, dass mit dem Haftmittel Resorcin-Formaldehyd-Latex, das auf der Faser eine mit Latex reagierende Komponente fixiert, chemische Brücken zwischen den Makromolekülen einer Textilie geschaffen werden. Der Zusatz von Weichmachern, mineralischen Füllstoffen oder anderen Hilfsmitteln qualifiziert das Material noch stärker für den definierten Verwendungszweck. Das erzielte Produkt kann einer Laminierung unterzogen werden, bei der auf einen textilen Träger durch Kaschierung oder Verziehung Folie, Schaum oder mikroporöse Membranen aus Polyurethan oder PTFE geklebt werden, die ihm Barrierefunktionen (Atmungsaktivität oder Dichtigkeit) verleihen, bevor es als Baumaterial verwendet wird. Es gibt auch vorimprägnierte Textilien aus Fasern, denen ein Duroplast oder Thermoplast zugeordnet ist. Die Verbindung erfolgt in einer Lösung, in geschmolzenem Zustand, durch Pulverbeschichtung, Hybridisierung oder Transfer.

Die wasserabweisende Oberfläche des Lotusblattes ...

... und sein textiles Pendant.

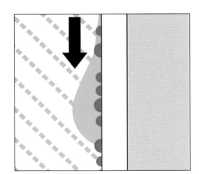

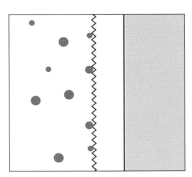

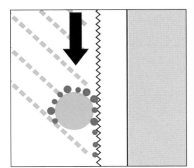

Herkömmliche Fassadenbeschichtung: Die Oberfläche ist weniger hydrophob und deshalb stärker mit Wasser benetzbar. Schmutzpartikel können anhaften.

Lotus-Effekt bei Fassadenputz oder Fassadenfarbe: Fassadenbeschichtungen mit Lotus-Effekt haben eine mikrostrukturierte Oberfläche. Die Kontaktfläche für Schmutzpartikel und Wasser ist dadurch extrem reduziert.

Die Oberfläche ist zusätzlich superhydrophob. Die Regentropfen perlen sofort ab und reißen die nur lose anhaftenden Schmutzpartikel problemlos mit.

Die große Vielfalt der Ausgangsmaterialien und die besondere Komplexität der Fertigungs-verfahren machen spezifische Qualifikationen insbesondere in der Chemie und Mechanik erforderlich, was die Bedeutung von Forschung und Entwicklung in der technischen Sparte des Textilsektors unterstreicht. Ein derzeit im Zentrum vieler Forschungsaktivitäten ste-hender Bereich, die Bionik, beschäftigt sich mit der Entschlüsselung der Funktionsweisen lebender Organismen.

DIE NATUR: EIN LABOR FÜR DEN FORTSCHRITT IM TEXTILSEKTOR?

Die Forschungen in der Nanotechnologie gelten als eine vielversprechende Achse techni-scher Innovationen. Auch die Analyse interessanter biochemischer Prozesse in der Natur genießt besondere Aufmerksamkeit. Gerade wenn sehr grundlegende Eigenschaften beobachtet werden, besteht die Herausforderung darin, sie künstlich zu reproduzieren; ein Vorgehen, das bereits überzeugende Ergebnisse geliefert hat.
Lotusblätter haben Eigenschaften, die sie zum Modell für schmutzabweisende Oberflä-chen, auch selbstreinigende Oberflächen genannt, machen. Ihre besondere Nanostruktur bindet Luft ein und macht so die Oberfläche wasserabstoßend. Schmutzpartikel haften nicht und werden von den abperlenden Wassertropfen entfernt. Die Fassadenbeschich-tung Lotusan der Firma Sto verwendet identische Mikrostrukturprinzipien, die Regen-wasser zur Reinigung der Oberfläche nutzen. Durch eine Nachbildung der Struktur der Lotusblätter auf der Nano-Ebene kann man eine Textilie selbstreinigend machen und so auf schädliche Reinigungsmittel verzichten.
Der Rückgriff auf die Natur als Inspirationsquelle geht mit der Frage der Verwendung ihrer natürlichen Ressourcen einher. Jenseits des zunehmend technischen Charakters der Materialien, der durch die Art der Verwendungszwecke und durch den technischen Innovationsdruck bedingt ist, kommt auch das Konzept der nachhaltigen Entwicklung für die Zusammensetzung neuer Textilien in Betracht. Es ist für die Textilforschungszentren in Europa unabhängig vom Anwendungsbereich eines der wichtigsten Ziele geworden, was sich in Forschungsinvestitionen zu Recycling-Eigenschaften, zur biologischen Abbau-barkeit von Fasern, zur Reduzierung der Abfälle aus chemischen Behandlungen und zum Energieverbrauch niederschlägt.

TEXTILIEN ALS BEITRAG ZUM NACHHALTIGEN BAUEN

In der Architektur, so beobachtet Philip Drew, sind heutzutage die Begriffe leicht und erneuerbar die Schlüsselwörter einer ökologisch verantwortungsbewussten Architektur. Nachhaltige Entwicklung ist ein Hauptanliegen aller Industriebranchen und ein vorrangiges Ziel auch von Textilforschungszentren geworden. Unabhängig vom Anwendungsbereich zeichnet sich das Angebot an nachhaltigen Produkten durch zwei globale Tendenzen aus: Umweltschutz und Reduzierung des Energieverbrauchs. Die Forschung konzentriert sich auf die biologische Abbaubarkeit der Fasern, die Begrenzung der verschiedenen Ausgangs-stoffe für die Herstellung eines Produkts und die Recyclingfähigkeit.

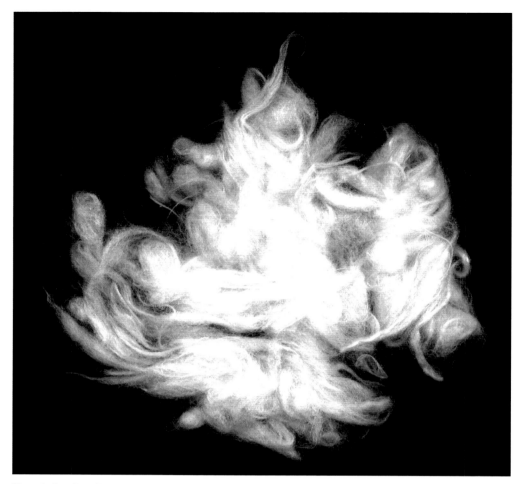

Oben: Aufbereitete Fasern.   Unten: Granulat aus aufbereitetem plastifizierten Vinyl.

BIOLOGISCHE ABBAUBARKEIT UND VERRINGERTER EINSATZ CHEMISCHER PRODUKTE

Die Verwendung pflanzlicher Naturfasern entwickelt sich gerade im Hinblick auf das Hervorbringen neuer Materialien. Aus Polymeren auf Maisbasis, wie z. B. Polylactiden (PLA), werden Wegwerftüten oder auch in der Chirurgie verwendete Stents (Gefäßstützen) hergestellt.

Die Nutzpflanze Hanf, die die Herstellung qualitativ hochwertiger und recyclingfähiger Textilien ermöglicht, rückt zunehmend ins Zentrum der Aufmerksamkeit. Sie ermöglicht eine effiziente Schall- und Wärmedämmung, hat flammwidrige Eigenschaften, ist feuchtigkeitsbeständig, vertreibt bestimmte Organismen und speichert CO_2. Aus diesen Gründen wurde die Pflanze in Frankreich z.B. in einen Gesetzentwurf über erneuerbare Biomaterialien im Bauwesen aufgenommen, den die Nationalversammlung im Oktober 2008 verabschiedete. Ein weiteres Beispiel ist die Weiterentwicklung von Polypropylen, das leicht wiederverwertbar ist und dessen Qualität durch die Fortschritte des Ökodesigns in der Kunststoffverarbeitung verbessert wurde.

Forschungen zur Reduzierung der Abfälle aus chemischen Behandlungen von Fasern und Textilien betreffen alle Akteure. Es wurden bedeutende Anstrengungen unternommen, um die Umweltbelastungen zu reduzieren bzw. die Abfälle leichter verarbeitbar zu machen. Das schlägt sich u.a. in dem Bemühen um die Einschränkung des Einsatzes von Formol nieder, aber auch in der Verwendung neuer Herstellungstechniken, um die Anzahl der vergleichsweise stärker umweltbelastenden chemischen Tauchbäder zu reduzieren. Weitere Verfahren, wie etwa die Rückgewinnung und Wiederverwertung der Grundbestandteile von PVC, wurden seit 1998 entwickelt. Die Wiederverwertung von Baumaterialien ist eine der Grundlagen nachhaltigen Bauens.

RECYCLING

Das zentrale Element der Nachhaltigkeitspolitik des französischen Unternehmens Serge Ferrari ist die Erfindung und Entwicklung des Recyclingverfahrens Texyloop für Verbundtextilien, das seit dem Jahr 2000 industriell angewandt wird. Das Verfahren ermöglicht ein Recycling von Membranen, mit dem sich neue Ausgangsmaterialien herstellen lassen, die anschließend zum Teil in den Fertigungsprozess der Membranen zurückgeführt werden: So entsteht der Kreislauf Texyloop. Im Jahr 2002 eröffnete die Gruppe Ferrari eine industrielle Recycling-Einheit in Italien. Mehr als 90 % ihrer Produktreihen können hier recycelt werden. Die recycelten Materialien werden anschließend zur Herstellung unterschiedlichster Produkte verwendet.

Zur Verbreitung dieser Technik hat Serge Ferrari das erste europäische Sammelstellennetz für verbrauchtes Gewebe initiiert, das seit 2007 in Betrieb ist und dem u.a. das Netz Relais Textiles Techniques angehört. Das Unternehmen unterstützt auch die Wiederverwertungsinitiativen anderer Unternehmen, wie Freitag in der Schweiz oder Reversible in Frankreich. Zur praktischen Umsetzung dieses Recyclings gehört die Erstellung einer Produkt-Ökobilanz oder eines LCA (Life Cycle Assessment). Diese genormte Methode (ISO 14040-14043) umfasst eine Reihe von Indikatoren zu Umweltauswirkungen, die über die Gesamtheit der verbrauchten Ressourcen Auskunft geben, umweltschädliche Emissionen während der Synthese der Textilie messen und Angaben über die Verwendungsdauer, die Entsorgung bzw. das Recycling der Abfallprodukte liefern.

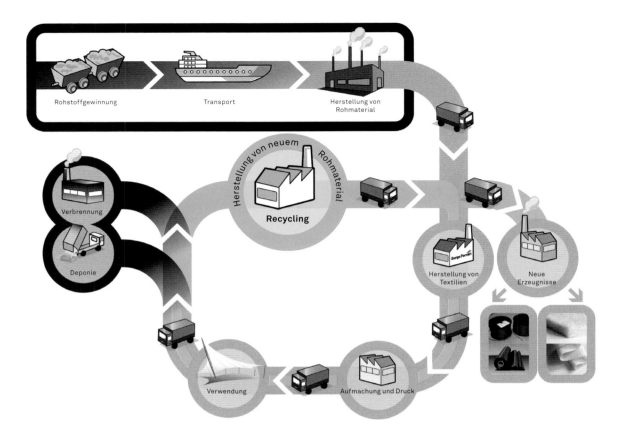

Ökobilanzen, die eine doppelte Nachprüfung durch unabhängige internationale Organisationen, z.B. EVEA (in Frankreich) oder CIRAIG (in Kanada), durchlaufen, zeigen systematisch auf, dass der Großteil der Umweltauswirkungen (im Durchschnitt 80 %) im Zuge der Gewinnung und Produktion von Rohstoffen verursacht wird. Das Produkt-Recycling und die dabei hergestellten neuen Grundstoffe sind für eine signifikante Reduzierung der Umweltauswirkungen entscheidend. Im Fall der Textilmembranen von Serge Ferrari zeigt die Ökobilanz für das Produkt Batyline die Wirksamkeit der Initiative Texyloop auf und macht deutlich, dass eine Wiederverwendung im Sinne der Nachhaltigkeit und hinsichtlich einer Begrenzung umweltschädlicher Auswirkungen äußerst rentabel ist. Energieeinsparungen sind ebenfalls direkt an die Lebensdauer der Materialien gebunden.

DAS KONZEPT DER NACHHALTIGKEIT

Die Nachhaltigkeit eines Bauwerks bezieht sich auf seine bauliche Unversehrtheit und auf die vertraglichen Garantien, betrifft aber auch sein ästhetisches Erscheinungsbild in der Zeit. Die langfristige mechanische Leistungsfähigkeit einer Verbundstoffmembran ist direkt proportional zur Dicke der Beschichtung auf den oben liegenden Fasern. Es geht nicht mehr um die Herstellung großer Mengen kurzlebiger und austauschbarer Produkte, die am Ende des Lebenszyklus eines Produkts auf der Mülldeponie oder in einer Verbrennungsanlage landen, im Freien verbrannt oder einfach weggeworfen werden, sondern darum, die Lebensdauer des Materials zu erhöhen oder es anpassungsfähig und umwandelbar zu machen. Auch hier positioniert sich die Gruppe Serge Ferrari als innovativer Akteur: insbesondere mit der Membranreihe Précontraint, deren Lebensdauer durch eine

PVC-Verbundstoffmembranen und -textilien

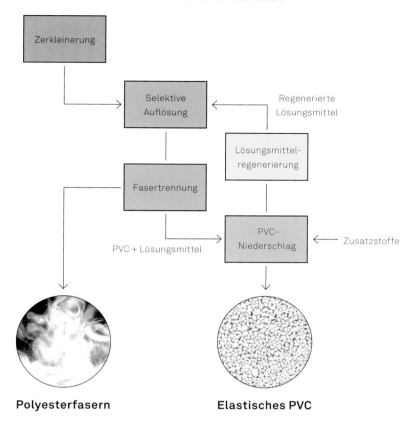

Polyesterfasern   **Elastisches PVC**

extrem effiziente Schutzschicht signifikant verlängert wurde. Für die Beschichtung wird das Gewebe in der Regel nur in Richtung der Kettfäden gespannt. Die Précontraint-Technik spannt das Gewebe sowohl in Richtung der Kett- als auch in Richtung der Schussfäden. Wenn es während der Beschichtung ganz flach gehalten wird, erhalten sowohl die oben als auch die unten liegenden Fäden einen hervorragenden Schutz bei verringerter Dicke, was sich direkt auf das Gewicht auswirkt. Diese Leistungsmerkmale erleichtern den Einsatz des Produkts in der Architektur – die Verformungen lassen sich ebenso einfach in beide Richtungen berechnen – und erhöhen die Umweltverträglichkeit des Bauwerks, in dem das Textil verwendet wird, insbesondere im Bereich der Energieersparnis.

TEXTILIEN ALS BEITRAG ZUR ENERGIEEINSPARUNG

Die spezifischen Eigenschaften von in Gebäude integrierten Textilien können auch durch eine positive Beeinflussung der globalen Energiebilanz zum nachhaltigen Bauen beitragen. Transparenz, Transluzenz, Dämm- und Sonnenschutzeigenschaften machen bestimmte Textilien für Gebäude mit geringem Energieverbrauch besonders geeignet. Bei Serge Ferrari wird die *Low Emissivity*-Funktion mit einer kalibrierten Verspiegelung des Gewebes erzielt, das nun wie eine Thermobarriere agiert: Im Winter hält die Textilie die Wärme, im Sommer die Kühle zurück und reduziert so den Heiz- bzw. Klimatisierungsbedarf. Diese Funktion ergänzt die anderen Wärmeschutzlösungen, die bereits von den als Sonnenschutz verwendeten elastischen Membranen für dauerhafte oder temporäre Gebäude bereitgestellt werden. Da sich die Transluzenz des Stoffes nicht reduziert, bleiben die Vorzüge einer natürlichen Beleuchtung erhalten.

Auf der Weltausstellung 2010 in Shanghai wurden zahlreiche Architekturbeispiele gezeigt, deren Nachhaltigkeit auf den Einsatz von Textilien zurückgeht. Dazu zählte das zum Madrid-Pavillon gehörende „Bambus-Haus", zu dem Besucher über den „Air Tree" Zugang erhielten, ein bioklimatisches Gebilde mit eigener Wind- und Solarenergieanlage, das von dem Madrider Büro Ecosistema Urbano entworfen wurde. Die Rollos aus den Serge Ferrari-Geweben screens Soltis 86 und 92 reagieren auf Lichtintensität und bewegen sich daher im mehr oder weniger langsamen Rhythmus einer Pflanzenstruktur, die den Veränderungen ihrer Umgebung ausgesetzt ist. Nach Einbruch der Dunkelheit ziehen die Rollos sich zurück, so dass die bisher verborgene „Rinde" aus screens Soltis B92 sichtbar wird, die wärme-dämmende Eigenschaften hat, die äußere Umgebung teilweise verbirgt und so einen neuen intermediären Raum schafft. Die Transluzenz im Zentrum des „Baumes" wird von einer Hülle aus dem Serge Ferrari-Gewebe Précontraint 402 bestimmt, das außerdem wichtige mechanische Eigenschaften in Bezug auf Festigkeit und Beständigkeit aufweist. Das Dach besteht aus einer Membran aus blickdichtem Précontraint 702 S, die auf der Außenseite bedruckt ist, während auf der Innenseite ein durchbrochener Voile aus screens Soltis 86 die Motive, die das Stoffgewölbe schmücken, erkennen lässt und den Besucher vor der Mittagshitze schützt.

Der deutsche Pavillon geht die Herausforderungen des nachhaltigen Bauens sehr direkt an: Im Sinne einer dynamischen Stadtplanung spiegelt dieser Pavillon die Vielfalt des städti-schen und ländlichen Lebens in Deutschland wider. Die vier großen und ineinander über-greifenden Ausstellungsstrukturen symbolisieren Zusammenhalt. Für sich allein betrachtet, befindet sich jede Struktur in einem labilen Gleichgewicht; erst im Zusammenspiel erhält dieses Gleichgewicht Stabilität. Diese gegenseitige Abhängigkeit betont die Verbindungen zwischen Innen- und Außenräumen, Schatten und Licht, Gebäude und Natur, Stadt und Land. Zur Balance der Städte gehört auch das ökologische Bewusstsein. Die Wahl der ökologisch konzipierten, nachhaltigen und 100 % recyclingfähigen Textilie Stamisol FT von Serge Ferrari ist ein entscheidendes Element für die Kohärenz des Projekts.

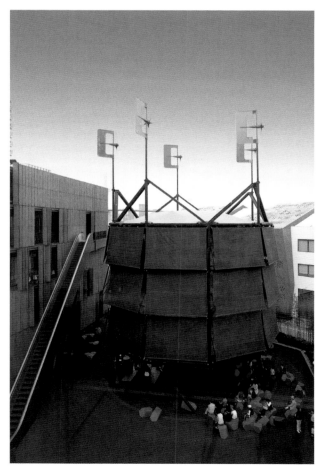

Madrid-Pavillon auf der EXPO Shanghai 2010.

utscher Pavillon auf der EXPO Shanghai 2010.

AUSBLICK

Das 20. Jahrhundert hat die Textilbranche revolutioniert. Textilien haben den auch zuvor schon mehr oder weniger verbreiteten häuslichen Gebrauch zugunsten unzähliger industrieller Anwendungsbereiche hinter sich gelassen. Die zunehmende Komplexität der Zusammensetzung und Herstellung der Fasern hat zweifellos zu einer Textil-Spitzentechnologie geführt, die allgegenwärtig scheint und auch dort zu finden ist, wo man es nicht erwartet. Aber jetzt, da Textilien zu einem Baumaterial wie Beton oder Stahlbewehrungen werden können, werden sie von Fragestellungen unserer Zeit mit einem neuen Schlüsselbegriff verknüpft: dem der Natur. Sei es, um sie zu imitieren oder zu schützen, die Textilforschung beobachtet die Natur und hält sie in Ehren. Glaubt man Philip Drew, der Textilien in den Mittelpunkt der Herausforderungen der modernen Architektur stellt, oder den Anstrengungen all jener Industrieunternehmen, die aus diesem Material das zentrale Element einer neuen, umweltbewussteren Stadtplanung machen möchten, hat dieses Material dann nicht alle Chancen, um sich von einer – im Bekleidungssinne – zweiten Haut zu einem zweiten Dach zu entwickeln, das zugleich schützt *und* inspiriert?

er „Tubaloon", eine temporäre Bühne für das Musikfestival in Kongsberg, Norwegen.

BERNARD MAURIN
und RENÉ MOTRO

TEXTILE ARCHITEKTUR

ENTWURFSPROZESS

Die Grundidee eines textilen Bauprojekts entsteht in der Regel bei den ersten Treffen zwischen Architekt und Ingenieur. Die morphologische Vielfalt solcher Projekte beruht auf der Vielzahl möglicher gekrümmter Formen und steht im Gegensatz zur klassischen Architektur der geraden Linien und rechten Winkel. Allerdings gelten bei der Realisierung und im Hinblick auf das mechanische Verhalten besondere Konstruktionsprinzipien: Gewebemembranen müssen eine Vorspannung erhalten, die ihnen ihre Steifigkeit verleiht, und ein zentrales Ziel ist die korrekte Kopplung der internen Kräfte mit den möglichen Krümmungen für ein gegebenes Material. Dies erklärt die Notwendigkeit der Zusammenarbeit zwischen Architekt und Ingenieur ab den Anfangsstadien des Entwurfsprozesses, um die beste Gestalt zu erzielen und die Machbarkeit des Projekts zu gewährleisten.

Der Architekt erstellt die ersten Zeichnungen, um die Gesamtform und die Hauptkomponenten, z. B. die zentralen Masten, zu definieren (2.1).

2.1

Membran im Stil eines „doppelten China-Hutes";
erste Zeichnungen und Entwürfe.

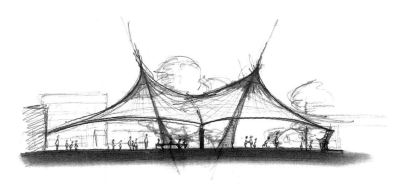

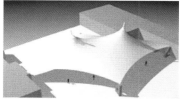

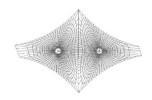 

Formfindungsprozess
mit entsprechender
Software.

Auf der Grundlage dieser ersten Zeichnungen muss der Ingenieur das Projekt modellieren und die Form in einem sogenannten Formfindungsprozess mit digitalen Methoden ermitteln, wofür gewerbliche oder eigene Softwareanwendungen zur Verfügung stehen. In dieser Formfindungsphase müssen alle Festpunkte definiert werden (2.2).

Die Dimensionierung der Membran erfolgt durch eine mechanische Untersuchung unter äußeren Einwirkungen, die anhand gängiger Planungsregeln definiert werden. Dabei werden die Klimaeinwirkungen (Wind und Schnee) im Zusammenwirken mit der Vorspannung betrachtet. Ein ausgesprochen wichtiges Stadium der technischen Entwicklung ist die Erstellung des „Schnittmusters": Der Konstrukteur muss die ebenen Streifen geometrisch definieren, die nach dem Zusammenfügen die gekrümmte Oberfläche bilden. Dabei sind zahlreiche Kriterien zu berücksichtigen, wie z. B. Ästhetik, Nachhaltigkeit oder auch der orthotrope Charakter des Gewebes. Mehrere Methoden werden verwendet, um eine Form zu erhalten, die der anfänglichen Gestalt entspricht, wobei auch die Bedeutung der Verkleinerung der Streifen nicht zu vergessen ist. Durch die Verkleinerung wird beim Zusammenfügen der Streifen die festgelegte Vorspannung erzielt (2.3).

2.3

 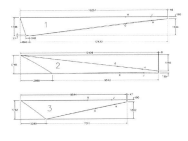

Schneiden, Schweißen
und Zusammenfügen der
Streifen im Werk.

Die Membran wird anschließend zur Baustelle transportiert, positioniert und an den Hauptmasten und anderen Verankerungspunkten befestigt, bevor die gewünschte Gestalt durch die Erzeugung der berechneten Vorspannung erzielt wird (2.4).

2.4

Fertigstellung.

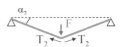

Die V-Form als element
res gekrümmtes geome
trisches Modell.

TECHNISCHE PRINZIPIEN

Bautextilien, die für die Herstellung geformter Membranen verwendet werden, stehen bereits unter Spannung, bevor externe Lasten auf sie einwirken: Diese Spannung wird als Vorspannung bezeichnet. Die gesamte Membransteifigkeit wird außerdem von der jeweiligen Krümmung an einem beliebigen Punkt bedingt. Krümmung und Vorspannung sind charakteristische Merkmale einer Membrankonstruktion.
Verglichen mit herkömmlichen technischen Entwicklungen gibt es für Membranen zwei wichtige spezifische Stadien:

- den Formfindungsprozess zur geometrischen Definition der Membranflächen, die eng an die Verteilung der Vorspannung gekoppelt ist;
- die geometrische Definition der Streifen (Zuschnitt), die zusammengefügt die im vorherigen Formfindungsprozess definierten gekrümmten Flächen bilden.

Ein spezifisches Kriterium für die anschließende technische Standardanalyse ist, dass Druckeinwirkungen nicht möglich sind, da dabei Falten entstehen. Außerdem ist zu beachten, dass klimatische Bedingungen und Vorspannung nicht unabhängig voneinander, sondern kombiniert wirken, wobei die Intensität der kombinierten Wirkungen in der Regel geringer ist als deren Addition. Die Membranherstellung hat ebenfalls große Bedeutung: Die ebenen Streifen sind so zu entwerfen und zu bemessen, dass sie beim Verschweißen und Aufbau vor Ort die geplante Form ergeben.

GLEICHGEWICHTSZUSTAND VON SEILEN UND MEMBRANEN UNTER BELASTUNG

Da eine Membran mit einem Seilnetz modelliert werden kann, ist es sinnvoll, das Verhalten eines Seils zu untersuchen, das nur Zugspannung aufnehmen kann. Ohne Zugspannung ist das Seil lose; es verliert seine gestreckte Form und würde in der modellierten Membran Falten bilden. In der Theorie können horizontal gespannte Seile keine Vertikalkräfte (F) aufnehmen, im Gegensatz zu Balken, die sich biegen (2.5).
Unter Verwendung der sogenannten V-Form können jedoch auch Seile eine vertikale Kraft aufnehmen. Die V-Form der Seile entspricht der Krümmung der Membranen. Die Krümmung ist abhängig vom Ausgangswinkel α. Wenn α zunimmt, nimmt die Spannung ab (T2 < T1); da die zugehörige Verformung des Seils abnimmt, erhöht sich die Steifigkeit (2.6). Analog dazu hat eine flache oder fast flache Membran keine oder eine sehr geringe Steifigkeit. Demzufolge ist die Krümmung erforderlich für die Steifigkeit, weshalb lokale Vorschriften Mindestwerte vorgeben.

KRÜMMUNG

Die Definition der einfachen Krümmung einer ebenen Kurve Cp basiert auf den Eigenschaften des Kreises, der durch die Punkte M, M' und M" auf dieser Kurve definiert wird. Geometrisch gilt Folgendes: Wenn sich M' und M" an M annähern, entsteht ein Kreis mit dem Radius R, der dieselbe Tangente hat wie die Kurve (2.7).

R ist der Krümmungsradius der Kurve am Punkt M und $\rho = 1/R$ ist die Krümmung. Wenn R zunimmt, nimmt ρ ab (z. B. ist bei einer flachen Kurve mit der Krümmung null der Radius unendlich). Die Krümmung ist für jeden Punkt von Cp definiert.

2.7

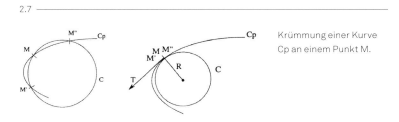

Krümmung einer Kurve
Cp an einem Punkt M.

Für ein räumliches Beispiel wie Membranflächen ist es üblich, deren „doppelte Krümmung" an jedem Punkt zu definieren.

2.8

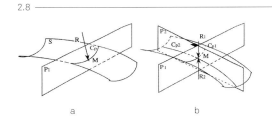

a   b

Doppelte Krümmung
einer Fläche an einem
beliebigen Punkt M.

Wenn eine gegebene gekrümmte Fläche S von einer Ebene P_1 geschnitten wird, kann die Krümmung der resultierenden Kurve Cp definiert werden (wobei der Radius R wie vorher in Punkt M für eine ebene Kurve definiert ist) (2.8 a).

Gemäß der Theorie der Geometrie gibt es nur zwei orthogonale Ebenen P_1 und P_2, für die R_1 (in P_1) maximal und R_2 (in P_2) minimal ist (2.8 b). Die Ebenen P_1 und P_2 definieren die Richtungen der Hauptkrümmungen; R_1 und R_2 sind die entsprechenden Hauptkrümmungsradien. Der Parameter $K = 1/R_1 \cdot 1/R_2$ ($= \rho_1 \cdot \rho_2$) ist die Gesamtkrümmung im Punkt M. Wenn die Mittelpunkte der Kreise mit den Radien R_1 und R_2 nicht auf derselben Seite der Fläche liegen, handelt es sich um eine antiklastische Form (doppelte negative Krümmung mit $K < 0$). Wenn sich die Kreismittelpunkte auf derselben Seite der Fläche befinden, handelt es sich um eine synklastische Form (doppelte positive Krümmung, $K > 0$).

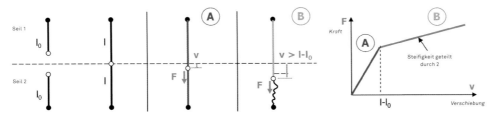

Vorspannung: Fall von zwei Seilen.

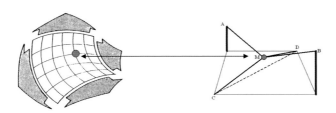

Antiklastische Fläche und Modellierung der doppelten Krümmung in jedem Punkt.

VORSPANNUNG

Betrachtet werden zwei Seile mit einer Ausgangslänge l_0. Jeweils ein Ende ist befestigt, die beiden anderen Enden sind miteinander verbunden: Die Länge beträgt nun l. Da l größer ist als l_0, muss bei der Verbindung eine Verformung in die Seile eingebracht werden, um diese zu dehnen. Wenn am Verbindungsknoten eine Kraft F wirkt, tragen beide Seile zur Erzielung des Gleichgewichts bei, bis ein kritischer Wert der Verschiebung v gleich $l-l_0$ erreicht wird (Situation A in 2.9). Über diesem spezifischen Wert wird das untere Seil lose und trägt nicht mehr zum Gleichgewicht bei (Situation B in 2.9). In Situation B entspricht die Steifigkeit (Kraft geteilt durch Verschiebung, d.h. Anstieg der Kurve) der Hälfte der Steifigkeit von Situation A.

KOMBINATION VORSPANNUNG UND KRÜMMUNG

Für jeden Punkt einer antiklastischen Membran kann die doppelte Krümmung mit zwei vorgespannten umgekehrten V-Formen (AMB und CMD in 2.10) modelliert werden, wobei die Steifigkeit in jeder Richtung sichergestellt ist.

So wird eine gekoppelte Wirkung von Krümmung und Vorspannung ermöglicht, um ein effizientes Verhalten bei einer Kombination mit Klimaeinwirkungen zu erhalten. Lokale Vorschriften können einen Mindestwert für die Vorspannung festlegen. Da die Vorspannung die einzige permanente Einwirkung auf die Membran ist, sollte entsprechend der Zug- und Dauerfestigkeit des Gewebes aber auch ein Höchstwert berücksichtigt werden. In der Praxis beträgt der Spannungsbereich 100 bis 300 daN/m.

Da eine intensivere Behandlung der Beziehung zwischen den Vorspannungswerten und den Krümmungsradien den Rahmen dieses Kapitels überschreitet, verweisen wir interessierte Leser auf die entsprechende Fachliteratur (vgl. Bibliografie, S. 228).

Formfindung mit Seifen-
häuten (ILEK Stuttgart,
Deutschland).

FORMFINDUNG

Die Bestimmung der Form einer an festgelegten Punkten und/oder Linien befestigten Membran war viele Jahre lang mit Schwierigkeiten verbunden.[1] Man muss das richtige Vorspannungsniveau zur Vermeidung von Falten oder zu starken Spannungen und gleichzeitig eine ausreichende Steifigkeit gegen Klimaeinwirkungen erzielen. Der Konstrukteur muss außerdem überall geeignete Neigungen für die Wasserableitung vorsehen, ohne dabei die gewünschte Ästhetik aus den Augen zu verlieren.

Der erste Schritt ist die Bestimmung der Verankerungspunkte und -linien: Mastspitze, Festpunkte (am Boden, an einer Wand usw.), gerade Linien, kreisförmige Linien (oberer Ring) und Umfang bei pneumatischen Membranen. Sobald diese Randbedingungen definiert sind, erfolgt der Formfindungsprozess mit zwei zentralen Zielen: der Flächendefinition und der Vorspannungsverteilung unter Berücksichtigung der Entwurfsaufgabe.

Konstrukteure verwendeten zunächst die bekannten Methoden der Morphogenese auf der Grundlage klassischer geometrischer und physikalischer („historischer") Modelle. Auch wenn physikalische Modelle für Vorstudien akzeptabel sind, werden heutzutage in der Regel digitale Methoden verwendet.

ANALOGE METHODEN

Da die wichtigste Beschränkung der Erhalt einer doppelt gekrümmten, antiklastischen Fläche für herkömmliche Membranen (synklastisch für pneumatische Membranen) ist, können die Konstrukteure geometrische Strategien einsetzen:

- Kombination bekannter Flächen;
- Verschiebung von Kurven (mit einer „Leit-" und einer „erzeugenden Kurve");
- analytische Methoden (z.B. Kugelgleichung oder „Splines"-Kurven, die im Schiffbau und in der Automobilindustrie verwendet werden).

Pioniere wie Frei Otto arbeiteten mit physikalischen Modellen, vorwiegend aus Drahtrahmen mit Seifenhäuten (2.11).[2] Diese Häute sind sehr interessant, da sie aufgrund ihrer Oberflächenspannung die kleinstmögliche Fläche und einen quasi homogenen Vorspannungszustand bilden, was auch den Konstruktionszwängen entspricht. Da die geometrische Reproduktion von Seifenhäuten jedoch sehr schwierig (für manche Modelle wurde Fotogrammetrie verwendet) und das Formenspektrum beschränkt war, suchten die Konstrukteure bald nach anderen Ansätzen.

Physikalische
Modelle aus
Lycra.

Eine weitere Methode war die Erstellung physikalischer Modelle mit Textilien (2.12). Auch wenn es quasi unmöglich ist, diese Modelle in eine präzise geometrische Definition zu übertragen, bieten sie den Vorteil der direkten Anschaulichkeit und Zuschnitterstellung ausgehend vom Modell. Sie sind in den frühen Entwurfsstadien daher immer noch beliebt.

DIGITALE METHODEN

Um die Nachteile der physikalischen Modelle zur überwinden, wurden verschiedene digitale Methoden entwickelt. K. Linkwitz, der mit Frei Otto am Projekt des Münchner Olympiastadions (1972, siehe 2.13) arbeitete, entwickelte mit H.-J. Schek die Kraft-Dichte-Methode.[3] Er modellierte die Membran mit einem vorgespannten Seilnetz und entwarf sie mit der Kraft-Dichte-Methode, die die Lösung der Gleichgewichtsgleichungen durch eine festgelegte Linearisierung ermöglichte: Die Kraft-Dichte-Koeffizienten (Verhältnis Zugspannung/Länge für jedes mit einem Netzknoten verbundene Seilelement) werden vom Ingenieur gewählt.
Werden für identische Randbedingungen verschiedene Koeffizienten gewählt, ergeben sich verschiedene Formen. Diese Methode wurde trotz folgender Unterschiede schnell für die Formfindung vorgespannter Membranen eingesetzt: unterschiedliche Geometrie eines vorgespannten Seilnetzes und einer vorgespannten Membran, Einfluss der Verankerungsbedingungen, Spannungsberechnung in Seilelementen, aber nicht in einer Membran. Zur Verbesserung wurde u.a. die „Flächen-Dichte-Methode" vorgeschlagen.

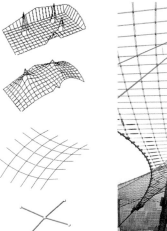 

Kraft-Dichte-Methode
für die Formfindung
mit Seilnetzen.
Links: Formfindungs-
prozess, rechts:
Realisierung.

Eine andere beliebte Methode ist die von M. Barnes eingeführte „Dynamic Relaxation" (DR).[4] Sie ermöglicht die Lösung der Gleichgewichtsgleichungen durch die Berechnung einer gedämpften Geometrie in einem dynamischen Prozess, der „kinetischen Dämpfung". Eine Schlüsselfunktion dieser Methode ist, dass sie auf einer Flächenmodellierung der Membran basiert und dem Konstrukteur die Festlegung der Vorspannung ermöglicht, z. B. um einen gleichförmigen Spannungszustand zu definieren (Seifenhaut).

Die eher klassische Methode der Finiten Elemente (FEM) kann ebenfalls für die Oberflächenmodellierung verwendet werden.[5, 6] Zwei Strategien sind möglich:

- eine der gesuchten Form ähnliche Ausgangsform wird festgelegt und durch eine Verschiebung der Verankerungsbedingungen nach und nach verändert. Es ist jedoch schwierig, die erzielte Form und die Spannungen zu beurteilen (die resultierende Form ist nicht immer zufriedenstellend: z.B. aufgrund der Existenz von Flächen mit Druckeinwirkungen), und unter Umständen sind lange Berechnungszeiten erforderlich;
- eine Ausgangsform wird mit einer Definition der Spannungsverteilung festgelegt. Auch in diesem Fall ist die Evaluierung der erzielten Form schwierig, und man muss einschätzen, ob die Spannungen mit einer ausgewogenen Form kompatibel sind.

Ein weiterer effizienter Ansatz, die Methode der verbesserten Referenzgeometrie (Updated Reference Strategy), die ebenfalls auf der Oberflächenmodellierung der Membran basiert, wurde in jüngerer Zeit von K.-U. Bletzinger entwickelt.[7]

ZUSCHNITTERSTELLUNG

Wie bei einem Kleidungsstück, das durch das Zusammenfügen zugeschnittener ebener Stoffstücke entsteht, müssen auch für die Herstellung einer Membran ebene Zuschnitte definiert werden. Diese Definition ist komplex, da zahlreiche Parameter berücksichtigt werden müssen, wie z. B. die Räumlichkeit der Form: Auf der dreidimensionalen Form werden Schnittlinien festgelegt, um intermediäre „Streifen" zu erhalten. Diese Streifen sind jedoch nicht planar und müssen in ebene Flächen aufgelöst werden, die der Hersteller aus den gefertigten Stoffballen zuschneidet. Außerdem müssen sie, um der benötigten Vorspannung Rechnung zu tragen, vor dem endgültigen Zusammenfügen durch Thermoschweißverfahren verkleinert werden. Diese Verkleinerung erfordert eine genaue Kenntnis der geometrischen Parameter und der mechanischen Eigenschaften des Gewebes, das selbst ein orthotropes Material ist. Eine fehlerhafte Zuschnittdefinition kann zu Falten und zu unzureichender Vorspannung in bestimmten Bereichen führen. Auch wenn verschiedene Softwareanwendungen für diesen Vorgang eingesetzt werden können, bleiben das Geschick und die Erfahrung des Konstrukteurs die zentrale Garantie für den Erfolg.

Die Zuschnitterstellung umfasst drei Vorgänge: die Wahl der Nahtstellen, die Auflösung der gekrümmten in ebene Streifen, die Spannungskompensation durch Verkleinerung.

NÄHTE

Für die Handhabung der Nähte und Schnittlinien muss der Konstrukteur mit vielen Parametern arbeiten, die wie folgt klassifiziert werden können:

- Technik: Größe der Gewebeballen (z.B. 1,8 m breit), Ausrüstung des Herstellers (Schweißgeräte);

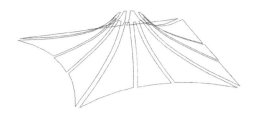

a Streifen in
Radialrichtung.

b Membran für ein
Delphinarium (Parc
Astérix bei Paris,
Frankreich).

a

b

- Kosten: Viele Nähte bewirken eine größere Genauigkeit, aber auch einen höheren Materialverbrauch;
- Geometrie: Die Gesamtkrümmung ist eine Schwierigkeit bei der Auflösung der Fläche in eine Ebene. Eine starke Krümmung in einer Zone kann kleinere Streifen erforderlich machen;
- Mechanik: Für die Positionierung der Kett- und Schussfadenrichtung ist eine gute Kenntnis der wichtigsten Spannungsrichtungen bei Belastung erforderlich (höhere Festigkeit und Steifigkeit in Kettfadenrichtung). Spezielle Zonen, vor allem an den Rändern, können ebenfalls die Wahl beeinflussen (Verbindung mit Membranrandseilen, starren Ringen usw.). Häufig werden Konfigurationen mit Streifen in Radialrichtung verwendet (2.14 a);
- Gewebeverhalten: Das Gewebeverhalten wird durch seine orthotrope Zusammensetzung bestimmt;
- Ästhetik: Für den Architekten ist in der Regel ein konsequenter visueller Rhythmus von großer Bedeutung (2.14 b).

Die endgültige Wahl ergibt sich aus den Kompromissen zwischen den genannten Parametern. In der Praxis werden vor allem die folgenden beiden Strategien für die Bestimmung der Nahtlinien verwendet:

- Verwendung geodätischer Linien (der kürzeste Weg zwischen zwei Punkten, das Äquivalent einer „geraden Linie" auf einer gekrümmten Fläche);
- Verwendung von Schnittebenen (z.B. vertikaler Schnitt von Flächen).

Der Konstrukteur muss beim Zusammenfügen großer Stücke außerdem darauf achten, dass die Anzahl und die Größe der Streifen an den Verbindungslinien identisch sind.

AUFLÖSUNG IN EBENE ELEMENTE

Dabei handelt es sich um die Bestimmung der ebenen, ausgebreiteten Form des Streifens (2D-Streifen), der dem dreidimensionalen nach dem Formfindungsprozess auf der Freiformfläche definierten Streifen entspricht.

Die Variation der Gesamtkrümmung K, die vorher als ein geometrisches Merkmal von Flächen definiert wurde, impliziert, dass es keine theoretisch exakte Lösung für doppelt gekrümmte Membranen gibt. Die unterschiedlichen K-Werte zeigen die Schwierigkeit, eine gekrümmte Fläche in eine ebene Fläche zu verwandeln und umgekehrt. Mit einem Blatt Papier kann man einen Kegel oder eine andere abwickelbare Fläche, aber keine Kugel erzeugen. Diese Unmög-

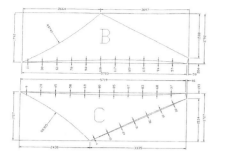

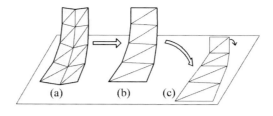

Auflösung in ein
Dreiecksnetz.

lichkeit veranschaulichen die Karten, die zur Abbildung der Erde vorgeschlagen wurden. Da es keine exakte Lösung gibt, gibt es verschiedene Karten:

- mit flächentreuer Abbildung;
- mit längentreuer Abbildung;
- mit winkeltreuer Abbildung (wie die Mercatorkarte).

Es ist jedoch nicht möglich, für eine nicht abwickelbare Fläche eine gleichzeitig flächen- und längentreue Abbildung zu erhalten. Konstrukteure werden mit der Schwierigkeit konfrontiert, einen gekrümmten Streifen in eine ebene Fläche aufzulösen. Dafür stehen mehrere Ansätze zur Verfügung, die auf verschiedenen Optimierungstechniken (verschiedene Ansätze zur Fehlerminimierung) basieren. Es überrascht nicht, dass diese Auflösung eine größere Fehlerquelle darstellt als die Formfindung. Am einfachsten ist die Verwendung einer Dreiecksstruktur (2.15).

KOMPENSATION

Wenn die Größe der Streifen genau den auf der Oberfläche gemessenen Größen entspräche, wären die zusammengefügten Streifen nach der Montage vor Ort nicht vorgespannt. Die Streifen müssen daher verkleinert werden, wofür zahlreiche Faktoren zu berücksichtigen sind:

- Spannungsverteilung (im Formfindungsprozess definierte Werte) und Gewebeverhalten (mechanische Parameter in Kett- und Schussfadenrichtung: Verwendung biaxialer Tests);
- die möglicherweise nicht identische Kompensation von Kette und Schuss (0,2 bis 5 %) und die große Bedeutung der Ausrichtung des Gewebes im Hinblick auf die Nähte;
- mögliche lokale Kompensation und Dekompensation (kontextabhängig);
- langfristiges Verhalten und zugehörige Verformung: Spannungsvariation vor Ort (in der Regel muss nach mehreren Monaten nachgespannt werden).

Es wurde deutlich, dass die Zuschnitterstellung ein kritisches Entwurfsstadium ist. Die Festlegung der Nähte, die Auflösung in flache Elemente und die Kompensation sind mögliche Fehlerquellen und können Schwierigkeiten bei der Errichtung, nicht gewünschte Falten oder ein schlechtes mechanisches Verhalten durch eine ungeeignete Vorspannung bewirken.

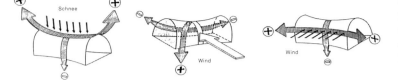

LASTANALYSE

Wie bei jeder Konstruktion muss der Ingenieur eine mechanische Analyse der Membranen unter Belastung durchführen. Die wichtigsten externen Belastungen sind klimatischer Art und werden mit der Wirkung der internen Vorspannung kombiniert. Aus dieser Analyse ergeben sich folgende Angaben:

- die Membranverformung bestimmt die maximale Durchbiegung (in der Regel begrenzt durch lokale Vorschriften);
- die maximale Membranspannung bestimmt die minimale Gewebefestigkeit (und damit den Gewebetyp);
- die Richtung der Membranspannungen liefert wichtige Hinweise für die Positionierung der Nahtlinien und das Verschweißen benachbarter Streifen;
- die maximalen internen Kräfte der Randseile ermöglichen die Wahl der Mindestdurchmesser der Seile;
- die auf die Stützelemente ausgeübten Kräfte werden zur Bemessung und Konzeption der wichtigen Strukturelemente benötigt (Druck auf Masten und Streben, Durchbiegung von Balken, Verankerung usw.).

Die Interaktion zwischen doppelter Krümmung und Vorspannung wird im Entwurfsstadium berücksichtigt. Die beiden Krümmungsrichtungen spielen eine Rolle beim Ausgleich der Wirkungen von Wind und Schnee. Die Verformung der Membran unter einer definierten Belastung bewirkt Variationen der Vorspannung (2.16):

- die Spannung nimmt in der einen Richtung zu und in der anderen ab;
- wenn die Membran in beiden Richtungen gespannt bleibt, tragen beide zur Steifigkeit bei;
- Probleme treten auf, wenn die niedrigere Spannung den Wert null erreicht: Falten entstehen und die Membran wird instabil.

Normalerweise verhindert die Vorspannung die Faltenbildung. Falten können jedoch auch bei extremen Klimaeinwirkungen (Sturm) entstehen.

Die Steifigkeit einer Gewebemembran ist natürlich geringer als die von Stahl- oder Betonelementen. Sie ist außerdem abhängig vom Niveau der Vorspannung. Da auch Verschiebungen einen hohen Stellenwert erhalten können, muss eine „geometrische" nicht-lineare Analyse durchgeführt werden. Das nicht-lineare Verhalten des Gewebes macht außerdem die Anpassung der Steifigkeit an die Verformung erforderlich („stoffliche" nicht-lineare Materialanalyse). Daher wird immer eine nicht-lineare Analyse unter Verwendung eines digitalen iterativen Prozesses (die Last wird stufenweise erhöht) benötigt.

BERECHNUNG BEI SCHNEE

Schnee wird als vertikale Last betrachtet, die sich gleichmäßig über die Fläche verteilt, wenn nicht gleichzeitig eine Interaktion mit Wind besteht (keine Schneebewegung auf der Membran). Die einzuhaltenden Mindestwerte werden von lokalen Vorschriften festgelegt.

Die Berechnung des Verhaltens bei Schnee bereitet keine Schwierigkeiten, wenn die Membran keine Instabilitäten durch Faltenbildung erzeugt.

2.17

 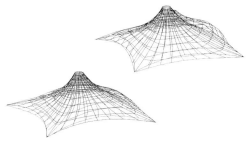

Untersuchung der Windwirkung (Windkanal und Seilnetzmodell).

BERECHNUNG BEI WIND

Die Wirkung des als Strömung geltenden Windes auf die Oberfläche ist immer vertikal, aber die Interaktion zwischen Wind und Strukturform erzeugt Zonen unter Druck und solche unter Sogwirkung. Wie bei konventionellen Bauten wird eine Kartografie der externen Druckkoeffizienten C_e für die Außenseiten des Bauwerks benötigt, die mit der durch die internen Druckkoeffizienten C_i gekennzeichneten Windwirkung im Innern des Bauwerks (z. B. Auftrieb) kombiniert wird.

Es ist in der Regel schwierig, die Interaktion zwischen Membran und Wind zu berechnen. Zur Beurteilung der Koeffizienten C_e und C_i stehen verschiedene Ansätze zur Verfügung:

- Windkanalversuche an Modellen (2.17) (eine gute, aber kostspielige Lösung; Skaleneffekte sind mögliche Fehlerquellen);
- empirische Einschätzung des resultierenden Membrankoeffizienten C_e-C_i (abhängig von der Erfahrung des Ingenieurs);
- konstante Werte C_e-C_i auf der Membran (nur akzeptabel, wenn dies aus der mit Sicherheit ungünstigsten Situation resultiert);
- Computerberechnung von C_e-C_i mit dedizierter Software (erfordert jedoch eine sorgfältige Beurteilung des Ergebnisses).

WEITERE LASTEN

Manchmal werden noch andere Lastfälle untersucht, z. B. natürliche Windschwingungen, oder es erfolgt eine dynamische Erdbebenanalyse. Spezifische Voraussetzungen gelten außerdem für die Konzeption aufblasbarer Membranen (konstanter Druck, konstantes Volumen usw.). Die Errichtung kann ebenfalls eine spezifische Untersuchung erforderlich machen, wenn der Kontext vor Ort zusätzliche, mechanisch bedingte Gefahrensituationen birgt.

AUSBLICK

Gewebemembrankonstruktionen erfordern in allen Entwurfsstadien ein spezifisches Know-how der Konstrukteure: Für die ersten Entwürfe, die Formfindung, die Zuschnitterstellung und die Lastanalyse müssen Architekten und Ingenieure eng zusammenarbeiten. Mit dieser Partnerschaft werden im Hinblick auf die Architektur und die Kosten zufriedenstellende Ergebnisse erzielt.

1 Motro, R.; Maurin, B.: „Membranes textiles architecturales", in: Philippe Trompette: *Comportement mécanique des tissés*, Cachan: Lavoisier/London: Hermes Science Publishing, 2006, S. 17-70.

2 Otto, F.: *Tensile Structures*, Bd. 1 und 2, Cambridge, MA: MIT Press, 1973.

3 Linkwitz, K.; Schek, H.-J.: „Einige Bemerkungen zur Berechnung von vorgespannten Seilnetzkonstruktionen", in: *Ingenieur-Archiv* 40, 1971, S. 145-158.

4 Barnes, M.R.: „Applications of Dynamic Relaxation to the Design and Analysis of Cable, Membrane and Pneumatic Structures, in: *2nd International Conference on Space Structures*, New York: Guildford 1975.

5 Haug, E.; Powell, G.H.: „Finite Element Analysis of Nonlinear Membrane Structures", in: *IASS Pacific Symposium on Tension Structures and Space Frames*, Tokio und Kioto 1972, S. 124-135.

6 Haber, R.B.; Abel, J.F.: „Initial Equilibrium Solution Methods for Cable Reinforced Membranes, Part I und II", in: *Computer Methods in Applied Mechanics and Engineering*, Band 30/3, Juni 1982, S. 263-89 und S. 285-306.

7 Bletzinger, K.-U.; Ramm, E.: „A General Finite Element Approach to the Form Finding of Tensile Structures by the Updated Reference Strategy", in: *International Journal of Space Structures*, Band 14/2, Juni 1999, S. 131-246.

BERNARD DORIEZ
und RENÉ MOTRO

③ AUSFÜHRUNGS-DETAILS TECHNISCHER TEXTILIEN

EINFÜHRUNG

Zugtragwerke haben im Vergleich zu herkömmlichen Dachsystemen die Besonderheit, Lasten sehr lokalisiert an ihr Untersystem zu übertragen. Dabei wird die Gesamtheit der über die Fläche aufzunehmenden Lasten am Befestigungspunkt der Membranen konzentriert. Wird ihre Festigkeit durch eine Gewebebewehrung erhöht, kann die Membran als tragendes Element große Spannweiten ohne zusätzliche Stützelemente überdachen. Freitragende Membrandächer leiten so ihre Lasten aus klimatischen Beanspruchungen, ihrem Eigengewicht und der Spannung konzentriert zu ihren Befestigungspunkten hin. Diese Kräftekonzentrationen verlangen sowohl vom Ingenieur, der die Planenverankerungen dimensioniert, als auch vom Hersteller, der sie umsetzt, eine genaue Kenntnis des Verhaltens der Bauelemente für diese besonderen Punkte.

Das Verhalten der Planenverankerungen und deren Befestigungselemente ist einer der sensibelsten und mit Sicherheit der wichtigste Punkt bei der Verwirklichung eines Bauwerks mit Membrandach. Versuche, die unter reellen Lasteinwirkungen durchgeführt wurden, und die Erfahrung, die bei der Realisierung neuer Tragwerke gewonnen wurde, können das Wissen der Hersteller und ihrer Ingenieure tatsächlich bereichern. Das Windensystem, d. h. die mechanische Ausrüstung der Verankerungspunkte mit dem passenden Zugsystem, ist im Hinblick auf die Anforderungen an Festigkeit und nachträgliche Feststellungen zu dimensionieren und auszuschreiben.

Die hier aufgeführten Beispiele, die selbstverständlich nicht erschöpfend sind, zeigen einige Möglichkeiten der Verankerung einer Membran mit ihrer Tragstruktur. Wie man sieht, sind die Möglichkeiten breit gefächert, eine Standardisierung ist praktisch undenkbar. Jedes Bauwerk, jede Membran mit ihrer besonderen Form, ihre Einbindung am Standort und der Aufbau ihres Untersystems machen Überlegungen des Planers und später des Ingenieurs erforderlich, um den Entwurf und die Bemessung der Verankerungen an die immer anderen Belastungen anzupassen.

AUSFÜHRUNGS-ANFORDERUNGEN

Unter den hier aufgeführten Bedingungen ist es notwendig, die Befestigungsteile, welche die Verbindung zwischen der Membran und den als fest betrachteten Tragwerkskomponenten gewährleisten, präzise zu entwickeln. Für die Betrachtungen der Planer stehen zwei Anforderungen im Mittelpunkt:

- eine konzeptuelle und geometrische Kontinuität zwischen Membran und Befestigungsteilen zu gewährleisten und
- bei der Entwicklung der Mehrzahl dieser Bauteile Regelungsvorrichtungen vorzusehen.

Die Vorspannung entsteht über die Form einer doppelten gegenläufigen Krümmung und die Änderung dieser Form (Dehnung) durch die Befestigungselemente. Die Regelungsvorrichtungen ermöglichen es, das reelle mit dem errechneten Spannungsniveau abzugleichen. Durch diese Vorspannung erhält die Membran ihre Steifigkeit.
Eine schlechte Planung und Umsetzung schlägt sich im Verlust der Steifigkeit, aber auch und vor allem im Auftreten nicht intendierter Falten nieder. Diese Falten gibt es während der gesamten Lebensdauer des Bauwerkes. Sie zeigen die Existenz von Druckzonen in einem Baustoff auf, der eigentlich unter Zugspannung stehen sollte. Falten, die durch eine Klimaeinwirkung wie Wind bzw. Schnee entstehen, bleiben nicht dauerhaft. Dies erklärt, weshalb der Entwurf, die Bemessung und die Herstellung der Verbindungselemente mit besonderer Sorgfalt erfolgen müssen.

DIE KLASSIFIZIERUNG TEXTILER MEMBRANEN

Wird die Form als Beurteilungskriterium für textile Membranen gewählt, so können zwei Klassen entsprechend der Art ihrer doppelten Krümmung unterschieden werden. Die übrigen Kriterien betreffen die Spannvorrichtungen und vor allem die Art der Strukturen, über die sie vorgespannt werden: punktgestützte Membranen (Mastköpfe), liniengestützte Membranen (steife Ränder, elastische Ränder).

AUFBLASBARE SYSTEME

In ihrer Gestalt entsprechen sie Systemen mit doppelter positiver Krümmung. Nach den ersten Anwendungen des Prinzips aufblasbarer Hüllen durch die Brüder Montgolfier und durch Jean Baptiste Meusnier im Jahr 1783 sollte es bis in die 1940er Jahre dauern, ehe sich eine bedeutende Entwicklung abzeichnete. Bei luftgetragenen Systemen wird zwischen Systemen mit doppelter Haut und schwachem Druck und solchen mit aufgeblasenen Hochdruckröhren unterschieden. Da ihre Anschlussarten sehr speziell sind, werden diese Systeme hier nicht behandelt.

LINIEN- UND PUNKTGESTÜTZTE SYSTEME

Morphologisch entsprechen diese Systeme solchen mit doppelter negativer Krümmung. Ihre Vorspannung wird folgendermaßen erzeugt:

- Durch die Beschaffenheit der linearen, rechtwinkligen oder gekrümmten Randbereiche, ausgeführt als steife bzw. elastische Ränder mit Hilfe sogenannter Randseile. Die dabei erzielte größere Formenvielfalt ermöglicht es, die Membran an andere Systeme (z.B. an eine bestehende Struktur) anzupassen. Als Vorteile dieser Lösung kann man die mögliche Aufteilung der Plane, die mögliche Befestigung von Trennwänden, die hohe Lebensdauer und dadurch verringerte Betriebskosten, den vereinfachten Abbau sowie eine bessere Akustik als bei aufblasbaren Systemen anführen. Die Berechnungen sind allerdings schwieriger als für die Klasse der Systeme mit doppelter positiver Krümmung. Der Aufbau der Vorspannung und deren Kontrolle bedürfen besonderer Sorgfalt. In einigen Fällen ist es notwendig, Hebezeuge für zugehörige Elemente, beispielsweise Fachwerkbögen, vorzusehen.
- Durch die Beschaffenheit punktueller Bereiche mit Hilfe von Masten und der dazugehörigen Ausstattung (Ringe, Rosetten o.a.). Diese Lösung ermöglicht größere Spannweiten und eine größere Gestaltungsfreiheit, wobei die Möglichkeit des Anschlusses an bestehende Bauwerke besteht. Die auszuspannenden Flächen sind relativ komplex und müssen auf das Genaueste berechnet werden. Auch erfordert die Regelung ihrer Vorspannung beim Aufbau größte Sorgfalt. Für den architektonischen Entwurf stellen die Ab- und Anschlüsse die am schwierigsten zu lösenden Probleme dar. Eine aufmerksame Kontrolle der Vorspannung ist daher unerlässlich.

DIE BAUARTEN

Bei Bauwerken mit gespannten, textilen Dachelementen können sich die Membranen an die verschiedensten Tragwerke anpassen. Diese Tragwerke können Membrantragwerke sein, wie im Fall des „China-Hut"-Projektes in 3.1. Die Membran ist hier verbunden mit einem kreisförmigen Metallprofil und einem zentralen Mast, der einen Hochpunkt ausbildet.

3.1

„China-Hut" – freistehendes Membrandach.

System aus Textilien und Metall, Außenansicht und innere Metallvorrichtung eines Hochpunktes.

Verankerung einer Membran an bestehenden Gebäuden.

Die Entwürfe begünstigen auch den Einsatz von Bauelementen aus Textilien und Metall, bei denen die Membranen mit Metallgerüsten verbunden sind. Im dargestellten Beispiel (3.2) werden Hochpunkte durch einen oder mehrere Masten verstellbarer Höhe erzeugt. Die Masten sind mit einer Metallstruktur verbunden und die Membran ist über ein außen umlaufendes Rohrprofil geschnürt. Die Geometrie dieser Umrisse wurde vom Planer gewählt und diese Wahl bestimmt den Zuschnitt der Textilbahnen. Bei den beiden bisher aufgeführten Projekten erfolgt der Entwurf von Membranen und Befestigungsstrukturen aus Metall simultan. Das kann auch anders sein und in bestimmten Fällen ist es möglich, Befestigungspunkte an bestehenden Gebäuden zu finden (3.3). Es muss sichergestellt werden, dass die dabei auftretenden Kräfte von den einbezogenen Tragwerken aufgenommen werden können.

ANSCHLUSSDETAILS

Die Geometrie von Membranen und deren Befestigungen an den Ankerpunkten wird bei der Modellierung und Formensuche definiert. Dafür verwendet der Ingenieur ein eigens für das spezielle Verhalten von Spanntragwerken entwickeltes Computerprogramm. Um die Befestigungspunkte der Membranen zu bearbeiten, muss zuerst das gewünschte Ergebnis entworfen werden.

Der Ingenieur entwickelt, je nach den technischen und architektonischen Anforderungen, die passende Lösung für den jeweiligen Ankerpunkt. Er zeichnet die Details für den Hersteller, der damit das jeweilige Membranelement für diese Punkte realisiert. Dies erfolgt entsprechend den Regeln der Kunst und in perfekter Übereinstimmung mit dem erforderlichen Widerstand, den die Membran gegenüber den Lasteinwirkungen der Befestigungspunkte aufbringt.

ANSCHLUSS DURCH SCHNÜRSEILE

Dies ist ein klassisches, dem Segelschiffbau entstammendes Verfahren zum Verbund eines Planenrandes mit einem geradlinigen bzw. leicht gekrümmten Element. In der Plane werden Löcher vorgesehen, die durch Ösen oder Metallplatten versteift werden. Durch diese Ösen wird das Seil gezogen und um ein in der Regel ebenfalls metallisches Bauelement (z.B. einen umlaufenden Rundstab) geschnürt (3.21).

DAS SEILECK

Nicht alle Planenränder sind notwendigerweise geradlinig, und in vielen Fällen sind die Randseile an diesen Außenzonen in Futterale eingezogen. Die Enden zweier benachbarter Randseile werden durch ein mehr oder weniger komplexes metallisches Element verbunden, welches Seileck genannt wird. Die Geometrie von Seilecken muss sehr präzise sein, denn sie müssen in bestimmten Fällen den Spannungsaufbau der Randseile ermöglichen, die ihrerseits die Planen spannen. Die Höhe der Spannungen muss errechnet werden, damit die über das Seileck übertragenen Kräfte richtig von der Unterstruktur aufgenommen werden können. Die wichtigen Bauteile müssen richtig bemessen sein (Plattendicke, Durchmesser der Gewinde, Schrauben und Schäkel). Der Entwurf dieses Windensystems trägt auch zur allgemeinen Ästhetik bei: Eine Unterbemessung kann zum Bruch und zum Schaden führen, eine Überbemessung kann die visuelle Leichtigkeit der Projekte stark beeinträchtigen, die im Einklang mit der Leichtigkeit textiler Tragsysteme stehen sollte.

ANFORDERUNGEN AN DEN ENTWURF DER TECHNISCHEN DETAILS
Für die technische Zeichnung des Seilecks sind besondere Fähigkeiten des Planers erforderlich. Bei dem in 3.4 gezeigten Beispiel ist das Zusammenspiel der Fasern der beiden Randseile mit der Stellschraube gewährleistet. In diesem Fall sind die in den beiden Randseilen auftretenden Kräfte nicht identisch, was sich durch die fehlende Symmetrie sowohl bezüglich der Winkel als auch bezüglich der Befestigung von Platte und Membran ausdrückt. Die Ösen für die Verschraubungen lassen dies erkennen. Eine der Schwierigkeiten des Aufbaus besteht in der Notwendigkeit, die Kraftlinien zusammenzuführen. Dem Ingenieur ist diese Auflage beim Entwurf des Seilecks bewusst und er muss auf dieses Kriterium bei der Planung der Nutzlasten achten.

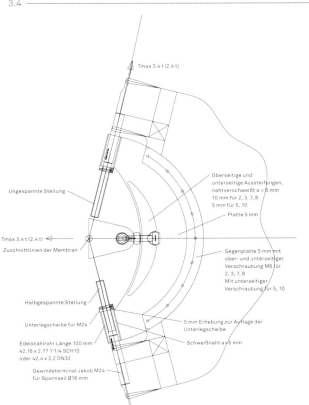

Seileck. Technische
Lösung und Bemessung.

Tmax 3.4 t (2.4 t)

Ungespannte Stellung

Oberseitige und
unterseitige Aussteifungen,
nahtverschweißt a = 5 mm
10 mm für 2, 3, 7, 8
5 mm für 5, 10

Platte 5 mm

Tmax 3.4 t (2.4 t)

Zuschnittlinien der Membran

Gegenplatte 5 mm mit
ober- und unterseitiger
Verschraubung M6 für
2, 3, 7, 8
Mit unterseitiger
Verschraubung für 5, 10

Halbgespannte Stellung

Unterlegscheibe für M24

5 mm Erhebung zur Auflage der
Unterlegscheibe

Edelstahlrohr Länge 100 mm
42.16 x 2.77 1'1/4 SCH10
oder 42.4 x 3.2 DN32

Schweißnaht a = 5 mm

Gewindeterminal Jakob M24
für Spannseil Ø16 mm

Einfaches Seileck.

EINFACHES SEILECK

Wenn die in den Randseilen anliegenden Kräfte schwach sind, kann ein einfaches Seileck ohne zentralen Zug ausgeführt werden (3.5). Die Vorrichtung wird dadurch optimiert, dass die zwei Randseile direkt am Mast befestigt werden. Die Regelung der gespannten Struktur erfolgt somit durch Spannen der Mastverankerung.

Man kann das Seileck mit Hilfe einer Eisenlasche und zweier Platten auch direkt an einem Mast befestigen (3.6). Diese Befestigung erfolgt über einen Ring, der an den Mast geschweißt ist. Man darf dabei nicht vergessen, dass bei einer Verbindung am Mittelbereich des Mastes Kräfte einwirken, welche die interne Biegung begünstigen. Diese Lösung ist bei hohen zu übertragenden Kräften nicht anwendbar. Es ist außerdem schwierig, über die Position des Mastes den Spannungsaufbau zu beherrschen.

VERSTELLBARES SEILECK

Für die vom Planer vorgeschlagene technische Lösung wird eine bemaßte Ausführungszeichnung wie in 3.7 angefertigt. Bei diesem Beispiel haben die Randseile Gewindeenden, die eine Befestigung am Seileck durch Verschrauben ermöglichen, sobald sie in die Zwillingsmuffen eingeführt werden. Die Metallplatte selbst wird mit der Ankervorrichtung (Mast o.a.) durch einen Gewindestab verschraubt, der in die Plattenmuffe eingeführt wird.

3.6 ———————————————————————————————————

Verbindung am Mittelbereich des Mastes.

3.7 ———————————————————————————————————

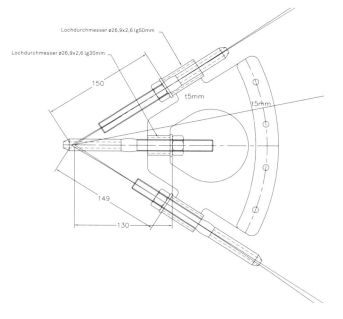

Ausführungszeichnung Seileck.

Lochdurchmesser ø26,9x2,6 lg50mm

Lochdurchmesser ø26,9x2,6 lg30mm

150

t5mm

t5mm

149

130

Die nachfolgende Abbildung (3.8) zeigt das realisierte Seileck. Das Rohr zur kontrollierten Wasserableitung, welches außerdem zu erkennen ist, ist ein Beispiel für unaufmerksame Detailausbildung. Das Regenwasser wird hier direkt über die Metallplatte und den Gewindestab fließen und beeinflusst damit die Lebensdauer ungeachtet der Verwendung von rostfreiem Stahl. Eine einfache Lösung wäre die Verlängerung des Rohrs, so dass das abfließende Wasser durch die Metallplatte hindurchgeleitet werden kann, ohne Schäden zu verursachen.

3.8

Ausgeführte
Zugplatte.

SEILECK AM MAST

Bei dieser Anwendung (3.9) haben die Randseile eine feststehende Länge und es gibt kein Regelungssystem. Sie sind direkt mit der Zugplatte verbunden, die an ihrem Mast über einen um 90° gedrehten Schäkel verankert ist. Die doppelten Seileckplatten werden durch zwei Rüsteisen aus Flachstahl mit der Mastplatte verbunden. Die bogenförmigen Platten sind am Planenrand verschraubt. Das Spannen der textilen Membran erfolgt über die beiden Abspannungen, die über die Metallanschlüsse (Ohren) am oberen Teil des Mastes befestigt sind.

3.9

Seileck am Mast.

NICHT VERSTELLBARE RANDSEILE

Ein zweites, einfacheres System mit nicht verstellbaren Randseilen wird in 3.10 gezeigt. Hier werden zwei Randseile ohne Regelung an der Zugplatte aufgenommen, und ein Gurt, der um einen „Deltaring" genäht ist, stellt sicher, dass die Planenränder in Zugrichtung gespannt bleiben. Auch in dieser Konstellation wird die Spannung der Membran durch Zug an der bzw. den Mastabspannungen gewährleistet.

3.10

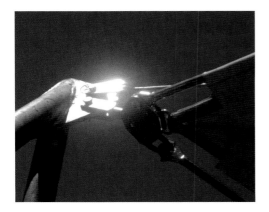

Nicht verstellbare Randseile.

3.11

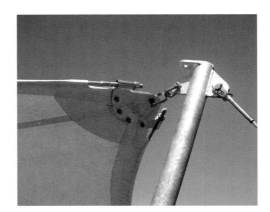

Schäkelanschluss am Mastkopf.

EINFACHER MASTANSCHLUSS

Ein klassisches Verbindungssystem von Seileck und Mastkopf (3.11) besteht aus zwei verstellbaren Randseilen mit eingefassten Gewindebolzen und einer über einen Schäkel (hier drehbar) am Mast verankerten Platte. Die Hauptspannung wird über die Regelung der Mastabspannung erzeugt; die Spannung der zwischen den Befestigungspunkten liegenden Plane erfolgt durch Zug an den Randseilen (durch Feststellen der Bolzenmuttern). Die Membran ist an den Endzonen durch Doppelung verstärkt.

DIE MASTEN

Bei Membranen mit punktuellen, außen liegenden Anschlüssen stellen Masten eine klassische Lösung für die Tiefpunkte dar (3.12).

3.12

Dach des Delphinariums im Parc Astérix bei Paris, Frankreich.

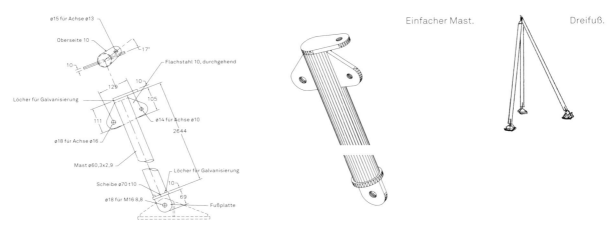

Einfacher Mast.   Dreifuß.

Diese Masten können einfache Metallrohre sein (3.13). Sie sind mit angeschweißten Elementen ausgestattet, die zum einen eine Beweglichkeit am Fußpunkt, zum anderen die Befestigung von Verbindungselementen mit der Membran (sogenannte Ohren) ermöglichen. Die Fußplatte ist eines der zwei Gelenkelemente.

Die Masten sind durch zwei Seile stabilisiert, die am Spannen des Ensembles mitwirken. In bestimmten Fällen werden komplexere Lösungen angewandt, für die drei Rohre als Dreifuß zusammengefügt werden (3.14).

DIE ZENTRALMASTEN

Die Hochpunkte der Membranen können mit Hilfe von Metallelementen, Rosetten oder Ringen ausgebildet werden, die von einem Mast abgehängt sind, wie es beim Delphinarium im Parc Astérix (3.12) der Fall ist. Der Mast muss demzufolge durch Abspannungen stabilisiert sein. Die Zentralmasten sind eine Lösung für die Ausbildung von innen liegenden Hochpunkten. Sie werden im Allgemeinen bei Bauwerken des „China-Hut"-Typs angewandt und sind am Fußpunkt halbgelenkig und mit einer Regelungsvorrichtung für die Höhe ausgestattet (3.15). Der Mastkopf nimmt die Membran über einen aus Einzelplatten verschraubten Ring auf (3.16).

Zentralmast.

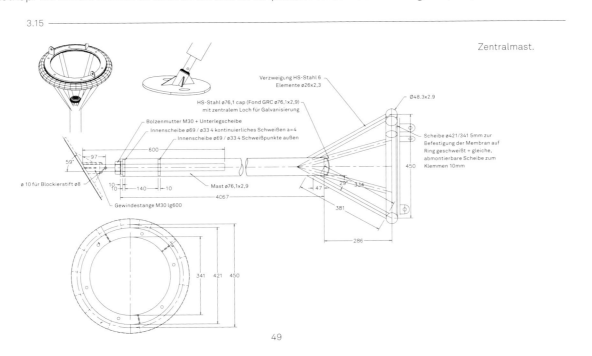

Hochpunktausbildung.

Die Stellschraube am Mastfuß reguliert die Membranspannung. Dabei müssen die tief liegenden Anschlüsse von Seilecken und Randseilen gleichzeitig eingestellt werden.

EINIGE ABWEICHUNGEN UND BESONDERHEITEN TECHNISCHER LÖSUNGEN

Der Planer kann unendlich viele technische Lösungen für die untersuchten Projekte entwickeln. Er muss dabei die üblichen Anforderungen bezüglich der mechanischen Anschlusselemente im Auge behalten, aber auch Formen und Bemessungen anbieten, die in Einklang mit der allgemeinen Architektur von textilen Bauwerken stehen. Eine Besonderheit dieses Tragwerkstyps und unentbehrliche Bedingung für seine Steifigkeit ist die Vorspannung für die Membran. In diesem Bereich ist die Kreativität des Planers gefragt, denn die vorgebrachten Lösungen entscheiden über die Schwierigkeit der Umsetzung und die Kosten des Bauwerks. Im Folgenden werden ohne Anspruch auf Vollständigkeit einige Beispiele vorgestellt.

GEBAUTE LÖSUNGEN: GESTALT UND ANSCHLÜSSE

VORDÄCHER AN FASSADEN

Vordach über Bogenelementen
Das erste Beispiel (3.17) zeigt ein Sonnendach vor einer Glasfassade. Die Dachplane ist mit einer Reihe von Bogenelementen verbunden. Sie wird an der einen Seite von gebogenen Randseilen begrenzt und an der Rückseite auf den geradlinigen Fassadenaufsatz geschnürt, der dem Fassadenrhythmus folgt. Die Bögen sind paarweise durch ein horizontales Rohr verbunden und bilden Gittersysteme mit zwei V-förmigen Stabpaaren. Diese sind an der oberen Blende und an den Stützenköpfen der Fassade befestigt. Die Aussteifung wird durch überkreuzte Diagonalseile gewährleistet.

Vordach über Bogenelementen.

„Schwebende" Sprieße

Der Eindruck besonderer Leichtigkeit kann durch die Verwendung von Metallrohren erreicht werden, bei denen mindestens ein Ende durch ein Ensemble von wenigstens drei Seilen stabilisiert wird. Diese Rohre („Sprieße") sind vollständig druckbeansprucht. Diese Lösung wurde z.B. für das Fassadenvordach in 3.18 gewählt. Die Spannung der Planen ist hier durch die Sprieße gewährleistet. Die Gabelgelenke und Spannschlösser ermöglichen die Aufnahme der äußeren Punkte der Planen. Die Sprieße sind durch Seile an der Fassade abgespannt.

„Schwebende" Sprieße.

„Schwebende" Masten.

Sind die beiden Enden eines Druckstabes mit Zugsystemen verbunden, erhält er noch mehr Freiheit im Raum. Man kann ihn dann mit einem „schwebenden" Mast gleichsetzen. Im dargestellten Beispiel (3.19) ist das obere Zugsystem einfach die Membran selbst. Das Einsetzen einer Metallkappe ist notwendig, um die Krafteinwirkung zu verteilen und das Durchstanzen der Plane zu verhindern.

TRIBÜNEN UND WETTERDÄCHER

Uneingeschränkte Sicht oder einseitige Erschließung einer langgliedrigen Struktur sind klassische Entwurfsanforderungen. Eduardo Torroja hat mit seinen Betonschalen für die Pferderennbahn „La Zarzuela" in Madrid eine meisterhafte Lösung vorgelegt. Textile Membranen bieten strukturell und gestalterisch ähnliche Lösungen wie die von Torroja. Bei unseren beiden Beispielen, einer Stadiontribüne (3.20) und einem Fahrradunterstand (3.21), sind die Maßstäbe verschieden, aber man findet jeweils eine außermittige Tragzone mit zwei Abhangelementen für die Rohre, mit denen die Membran verschnürt ist. Für die Stabilität des Ensembles sind rückseitige Zuganker notwendig, die mit Zusatzelementen verbunden werden können.

3.20

Stadiontribüne, Planensatteldach umlaufend verschnürt.

3.21

Fahrradunterstand.

DETAILPUNKTE

Ein konsistenter Entwurf ist die Voraussetzung einer angemessenen Lösung für die Verbindung einer Membran mit ihrer Tragkonstruktion: Die verschiedenen Elemente müssen nebeneinander bestehen können und sowohl in ihrer Bemessung als auch durch die allgemeine Ästhetik der Verbindung ein homogenes Ensemble bilden (3.22).

3.22

Detailentwurf für die Verbindung von Plane, Seileck und Betonblock.

Eine sehr offene Seileck-Platte gibt dieser gewaltigen Verankerung visuelle Leichtigkeit. Der Planer ist angehalten, selbst innovative Lösungen vorzuschlagen, z.B. für den Spannungsaufbau, deren Qualität im Zusammenhang mit der Besonderheit seines Projektes steht. Für das Spannen eines durchlaufenden Randseils wurden zwei Beispiele vorgeschlagen und umgesetzt (3.23, 3.24).

Ein geschicktes, einfaches Spannungssystem, am Bogenende befestigt, ermöglicht die Ausführung eines durchlaufenden Randseils mit Zwischenregelungen.

3.23

Einfaches Spannsystem für durchlaufendes Randseil.

3.24

Durchlaufendes Randseil, über das Ende der Sprieße gespannt.

Beschweren der Plane
für den Spannungsauf-
bau.

Betonte Leichtigkeit des
Tragwerks durch die Seile.

UND AUSSERDEM ...

Besonderen Vergabevorschriften der Projekte können einzigartige technische Lösungen hervorbringen. Das originelle System hier: Sandgefüllte Ballastkörper erzeugen die Planenspannung durch ihr Eigengewicht, das an die Außenrahmen der Membranen angehangen wird. Diese Lösung ist eine Antwort auf die Unmöglichkeit, Verankerungen an dieser Ausgrabungsstätte anzubringen (3.25).

Die Feinheit textiler Bauelemente beeinflusst auch die anderen Elemente. Damit die Membranen nicht mit zu gewichtigen Bogenelementen verbunden werden müssen, hat der Planer ein System mit Zwischenauflagern entwickelt, das dem von Polonceau entwickelten gleichnamigen Bindersystem entspricht (3.26). Die nahezu unsichtbaren Seile und die beiden „Deltas" mit sehr reduzierten Abmessungen betonen die Leichtigkeit des Ensembles. Will man noch weiter gehen, dann bleibt nur noch, den Segeln Wind zu geben und ihre Verbindung mit den Masten aufs Äußerste zu reduzieren (3.27). Eine Wirkung, zu der auch der Farbkontrast zwischen Membran und Masten beiträgt.

Gespannte Planen
an versteiften
Masten.

ZUSAMMENFASSUNG

Sicher ist, dass sich architektonische Lösungen, die auf die Anwendung textiler Techniken zurückgreifen, durch beträchtliche Materialeinsparungen auszeichnen. Der Entwurf der technischen Details für ihre Umsetzung erfordert spezielle Fähigkeiten der Ingenieure: Vorstellungskraft, Kenntnisse der Mechanik und technische Erfahrungen. Ihre Mission ist der Übergang von der Idee zur Umsetzung. Dafür werden tatsächlich weniger Baumaterialien gebraucht, dafür aber mehr graue Zellen.

STEFANO BERTINO,
ANDREA GIOVANNI MAININI
und TIZIANA POLI

TEXTILE FASSADEN

Jedes Projekt braucht Innovation, und dieser Anspruch hat auch zur Entstehung textiler Fassaden geführt. Sie sind alles andere als kurzlebig und stehen für dauerhafte und leistungsfähige Architekturlösungen. Zu den wichtigsten Aufgaben der Planer gehören dabei die Einschätzung der unterschiedlichen und komplexen Flächenzugspannungen, die Überprüfung der anspruchsvollen Rahmendetails sowie die Entwicklung neuer Formen und Tragkonzepte. Textile Architektur und textile Gebäudehüllen sind das Ergebnis kontinuierlicher Studien zur Abstimmung der zahlreichen unterschiedlichen Bedingungen.

TEXTILE GEBÄUDEHÜLLEN: LEISTUNGSMERKMALE UND ANWENDUNGSGEBIETE

Unabhängig von den gewählten technischen Lösungen und den Kriterien der Tragwerksplanung sind folgende zusätzliche architektonische Gesichtspunkte zu beachten:

- der optimale Komfort für die Nutzer der Innenräume (thermisch-hygrischer, akustischer und visueller Komfort, Luftqualität);
- die Tragfähigkeit bei statischen Lasten (Eigengewicht, Schnee) und dynamischen Lasten (Wind, Erdbeben und Schlageinwirkung);
- der Feuerwiderstand;
- die Undurchlässigkeit bei Zusammenwirken von Regen und Wind;
- die kontrollierte Dampfdiffusion und Kondensation;
- die erforderliche Wärmedämmung;
- die kontrollierte Lichtdurchlässigkeit in die Innenräume;
- die kontrollierte Sonneneinstrahlung (kontrollierte Wärmebelastung durch Sonneneinstrahlung);
- das Schallreduktionsmaß;
- die Integration und Installation der Haustechnik;
- die geforderte Nutzungsdauer;
- die Verringerung der Umweltbelastung.

Erfüllt eine textile Hüllenstruktur alle genannten Gesichtspunkte, sind zusätzliche Leistungsanforderungen zu betrachten: die Wartungsfreundlichkeit (Oberflächenreinigung), die Ersetzbarkeit, die Kräfte an den Nahtstellen zwischen den textilen Bestandteilen und ihr Verhalten bei der Lastübertragung an Elemente des Primär- und Sekundärtragwerks.

CONI, Sportzentrum, Bergamo, Italien. Textile Hülle als architektonische Haut.

„Künstlicher Efeu" mit photovoltaischer Zelle (ETFE-modifiziert).

Neues Bürogebäude der Tensoforma Trading Srl, Entratico, Italien. Textile Bauteile als Verschattungselemente.

Erweiterung des Santa Giulia Museums, Brescia, Italien. Beispiel einer textilen Gebäudehülle. Die Mimese täuscht den Betrachter, solange er nicht mit der Oberfläche in Kontakt kommt.

Energain DuPont.

Darüber hinaus ist die Kontrolle folgender Faktoren wichtig:

- die Komponentenverformungen unter dynamischen Einwirkungen durch Wind;
- die maximale Wärmeausdehnung für jede Komponente;
- die Beanspruchung jeder einzelnen Tragwerkskomponente (alle Primär- und Sekundärkomponenten eingeschlossen);
- die Lastkonzentrationen auf Fassadenflächen mit geringerer mechanischer Widerstandsfähigkeit;
- die Feuchtigkeitsabsorption und Wärmebeständigkeit;
- die mechanische und geometrische Kompatibilität der Elemente in jedem Bauwerksteil bzw. an jeder Schnittstelle;
- die Maßtoleranzen.

Das Ausmaß der Kontrolle hängt von der Art der Anwendung ab. Da textile Gebäudehüllen als feste Systeme (Oberflächenabschluss), als anpassbare Systeme (komplette textile Hüllen) oder zur Verstärkung der Fassadenleistung entsprechend den Umweltbedingungen (adaptive aktive zweite Haut) realisiert werden können, lässt sich Folgendes unterscheiden:

- luft- und wasserdurchlässige Schichten (Haut), die mit der außen liegenden Dämmschicht des Bauwerks verhaftet sind und als äußerer Oberflächenabschluss dienen (textilbeschichtete Fassade);
- Textilschichten, die als äußerer Oberflächenabschluss dienen und ein mechanisches Befestigungssystem verwenden. Eine Hinterlüftung im Schichtzwischenraum ist zwischen null und Maximalwerten möglich (4.1);
- Textilschichten, die unterschiedlich licht- und luftdurchlässig sind und eine Sonnenschutzfunktion haben (kontrollierte solare Strahlungstransmission, kontrollierter Lichtstrom, erhöhter Wärmewiderstand) (4.2);
- Textilschichten, die Energie umwandeln oder produzieren können (Integration amorpher Photovoltaikmodule [PV]) (4.3), – elastische, anpassungsfähige und mehrschichtige Gebäudehüllensysteme (textile Gebäudehüllen) (4.4, 4.5).

Die spezifische Leistungssteigerung für jeden Anwendungstyp wird im Folgenden genauer dargestellt.

Kategorien	Typ (siehe S.59)	Kontrollierter Wärmedurchgang	Kontrollierte solare Strahlungstransmission	Kontrollierte Lichtdurchlässigkeit	Erhöhter Wärmewiderstand	Kontrollierte Oberflächenkondensation	Schallschutzverhalten	Lärmabsorption	Rückgewinnung, Produktion und Umwandlung von Energie	Entwurfslösung
Textile Schichten										
textile Schicht (Haut), mit außen liegender Dämmschicht verhaftet	1					• atmungsaktive wasserfeste Membran				•
textile Haut, mechanisch an der innen liegenden Wandoberfläche befestigt	2		•		•	• atmungsaktive wasserfeste Membran		•	•	•
textile Haut als Sonnenschutz	3		•	•	•				• gekoppelt mit Solarzellen	•
textile Haut, gekoppelt mit organischen Leuchtdioden (OLED)	4			•						•
Textile Hüllen bzw. Fassaden										
zwei durch eine Luftschicht oder einen Hohlraum miteinander verbundene textile Häute	5	•	•	•			•	•		•
zwei miteinander verbundene textile Häute auf einer Dämmschicht	6						•	•		•
zwei miteinander verbundene textile Häute, die einen Hohlraum umschließen, eine oder beide Innenflächen des Hohlraums mit Niedrigemissionsbeschichtung	7	•	•	•						•
drei textile Häute, die zwei mit Dämmmaterial gefüllte Zwischenräume umschließen	8						•	•		•
zwei miteinander verbundene textile Häute, die einen Hohlraum umschließen, auf der außen liegenden Fläche Solarzellen	9	•	•	•					•	•
drei textile Häute, die zwei mit Dämmmaterial gefüllte Zwischenräume umschließen, auf der außen liegenden Fläche Solarzellen	10						•	•	•	•
drei textile Häute, die zwei mit Luft oder hoch isolierendem Gas gefüllte Zwischenräume umschließen	11	•	•	•						•
drei textile Häute, die zwei mit Luft oder hoch isolierendem Gas gefüllte Zwischenräume umschließen, die Innenflächen des Hohlraumes mit Niedrigemissionsbeschichtung	12	•	•	•						•
eine Doppelschicht als pneumatisches, luftgefülltes Kissen	13	•	•	•						•
eine Doppelschicht als pneumatisches, mit einem Dämmmaterial gefülltes Kissen	14						•	•		•
eine Dreifachschicht als pneumatisches, luftgefülltes Kissen	15	•	•	•						•

Anwendungstypen und Leistungsmerkmale textiler Gebäudehüllen (Quelle: T. Poli)

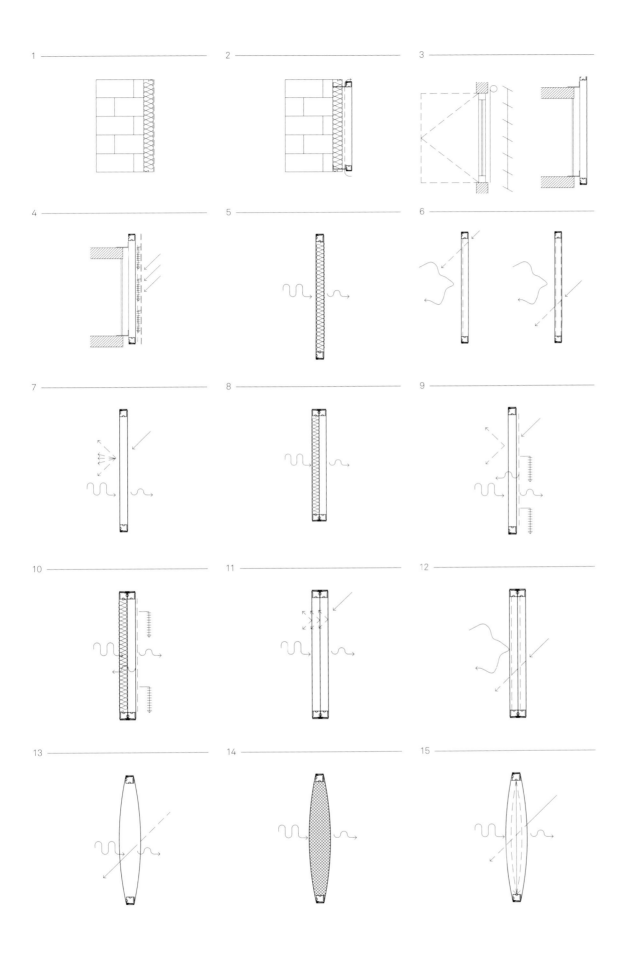

TEXTILE SYSTEME FÜR DURCHLÄSSIGE GEBÄUDEHÜLLEN

Lösungen für textile Gebäudehüllen können große landschaftliche und architektonische Wirkung haben, wie der UBPA-Pavillon B3-2 auf der EXPO 2010 in Shanghai oder die Juventus-Arena in Turin, wo „Ad-hoc-Entwürfe" umgesetzt wurden. Die im Vergleich zur Glasfassadentechnologie höhere Flexibilität textiler Hüllen erweitert ihre Anwendungsbereiche. Glas, ein starres und zerbrechliches Material, wird durch ein flexibles und hochfestes Textilelement ersetzt. Die Prüfung der inneren Strukturkräfte geht daher von unterschiedlichen Variablen aus, insbesondere bezüglich des Verhaltens der textilen Hülle.

Von der Firma Tensoforma wurde z.B. TEXO entwickelt und patentiert, ein Bausystem, das ein Elastomer-Kantendetail zwischen Textilelement und Rahmen verwendet. Der Rahmen besteht in der Regel aus einem gepressten Aluminiumprofil mit Thermosperre und einem Verschluss- und Dichtungssystem, das Feuchtigkeitsschutz und kontrollierten Luftdurchlass gewährleistet. Das Elastomer-Kantendetail (4.6, 4.7) bewirkt eine gleichmäßige und glatte Textiloberfläche, wobei sein plastisches Verhalten die Verteilung von Lasten ermöglicht. Die textile Membran wird mit dem Elastomer-Kantendetail vernäht, welches dann in eine entsprechende Nut des Aluminiumprofils eingesetzt wird. Das Elastomer-Element wirkt wie eine „Feder". Es ermöglicht einheitliche modulare Elemente, die Verteilung von Lasten sowie spätere Änderungen an der textilen Hülle.

4.6, 4.7

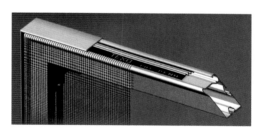 

„Streulicht"-Technologie für textile Bauteile.

Die Modularität dieses Typs von Gebäudehüllen ist nicht mit Standardformen oder -größen gleichzusetzen. Mit textilen Flächen können viele unterschiedliche Formen und Funktionen erzielt werden. Die fehlenden Beschränkungen für textile Gebäudehüllen lassen der architektonischen Sensibilität des Planers freie Hand und ermöglichen eine große Vielfalt individueller technischer Lösungen (4.8–4.13).

Deichmann-Filiale,
Essen, Deutschland.

...enheim, Wien, Österreich. Die textile Hülle hat eine doppelte ...nktion: Sie ist architektonische Haut und Verschattungsele- ...nt zugleich.

...tro Italmoda, Endine-Bergamo, Italien.

PRADA-Filiale, Qingdao, China.

3M, Sensitive Space System, Internationale Möbelmesse, Mailand, Italien. TEXO-System für Innenbereiche.

Fabbrica – les yeux ouverts – Centre Pompidou, Paris, Frankreich. TEXO-System für Innenbereiche.

UBPA-Pavillon B3-2 auf
der EXPO 2010, Archea
Associated, Shanghai,
China.

Basis von New
Challenger Luna
Rossa-PRADA, Renzo
Piano Building
Workshop, Valencia,
Spanien.

DIE GRENZEN TEXTILER BAUHÜLLEN

Das geringe Gewicht, die hohe Festigkeit und die extreme Vielseitigkeit textiler Hüllen werfen wichtige Fragen für die Entwurfs-, Bau- und Wartungsperiode auf. Die Planung textiler Hüllen setzt eine gute Kenntnis der Technologien und Werkstoffe voraus. Nicht alle Textilien verhalten sich, z.B. bezüglich ihres Dehnungswiderstandes, gleich, und nicht alle Textilien behalten ihre physische Unversehrtheit und Leistungsfähigkeit über einen langen Zeitraum. Zudem kann der Aufbau textiler Hüllen nicht durch ungelernte Arbeiter erfolgen. Auch muss der geringe Feuerwiderstand der textilen Materialien durch einen hohen Feuerwiderstand der tragenden Elemente und der Bauteile zur Verbindung von Membran und Hauptstruktur (z.B. Elemente aus Polycarbonat) ausgeglichen werden. Im Fall von unverstärktem Gewebe treten bei textilen Fassaden zusätzliche Sicherheitsprobleme aufgrund ihres geringen Widerstands gegenüber lokalen mechanischen Einwirkungen auf.

PRÜFLISTE FÜR GEBÄUDEPLANER

Die Verwendung von Textilien als komplette Gebäudehüllensysteme oder als äußere zweite Haut erfreut sich zunehmender Beliebtheit. Aufgrund der Bedeutung der Gebäudehülle für die wesentlichen, die Gebäudenutzung beeinflussenden Merkmale werden Prüflisten zur erforderlichen Umweltverträglichkeit und technischen Leistungsfähigkeit vorgegeben. Die Nutzung von Textilien als Zwischenschicht für Leichtbauwände wurde als Alternative ebenfalls in die Reihe der möglichen Anwendungen aufgenommen.

UMWELTVERTRÄGLICHKEIT

Eine Prüfliste zu Umweltverträglichkeit und Nutzerkomfort

| | | | ZWISCHENSCHICHT | | ZWEITE HAUT | | | | TEXTILE HÜLLE | |
| | | | LEICHTBAUWAND | | TRANSPARENTE WAND | | INTRANSPARENTE WAND | | MEHRLAGIGE TEXTILE WAND | |
ERFORDERLICHE LEISTUNG			Rahmen	Gewebe	Rahmen	Gewebe	Rahmen	Gewebe	Rahmen	Gewebe
UMWELTVER-TRÄGLICHKEIT	KOMFORT	Schalldämmung (4)								•
		kontrollierter Lichteinfall				•				•
		Sichtschutz bei Nacht				•				
		Sichtkontakt mit den Außenbereichen				•				•
		Blendschutz				•				•
		Farbwiedergabe				•				•
		Wasserdichtigkeit (1) (3)	•	•	•	wenn erforderlich	•	wenn erforderlich	•	•
		Wasserundurch-lässigkeit (1) (3)	•	•	•	wenn erforderlich	•	wenn erforderlich	•	•
		Möglichkeit natür-licher Belüftung (2)				•		•		•

Zwischenschicht

1 Wasserdichtigkeit und Wasserundurchlässigkeit schützen Zwischen- und Innenschichten der Wand vor Wasserschäden. Die Zwischenschicht kann auch als Dampfsperre zur Verhinderung von Dampfdiffusion in einer Leichtbauwand genutzt werden.

Zweite Haut

2 Natürliche Belüftung wird empfohlen, um Treibhauseffekte zwischen der zweiten, textilen Haut und der Wand, d.h. zwischen transparentem und intransparentem Element, zu verhindern. Eine natürliche Belüftung dieses Zwischenraumes verringert auch die Wärmebelastung durch Sonneneinstrahlung sowie die Kühllasten.

3 Wasserdichtigkeit und Wasserundurchlässigkeit zusammen können in der Regel nicht allein durch die außen liegende zweite Haut erzielt werden, sondern nur in Verbindung mit der traditionellen transparenten oder strahlungsundurchlässigen Wand dahinter.

Textile Bauhülle

4 Die Schalldämmung ist ein kritischer Faktor für textile Bauhüllen, besonders bei mehrschichtigen pneumatischen Strukturen. Das Fehlen einer massiven Schicht kann, jenseits eines niedrigen Schallreduktionsmaßes, zu niedriger Schalldämmung und lästigem Lärm durch auftreffende Regentropfen führen.

TECHNISCHE LEISTUNGSFÄHIGKEIT

Eine Prüfliste zur technischen Leistungsfähigkeit

| | | | ZWISCHENSCHICHT | | ZWEITE HAUT | | | | TEXTILE HÜLLE | |
| | | | LEICHTBAUWAND | | TRANSPARENTE WAND | | INTRANSPARENTE WAND | | MEHRLAGIGE TEXTILE WAND | |
ERFORDERLICHE LEISTUNG			Rahmen	Gewebe	Rahmen	Gewebe	Rahmen	Gewebe	Rahmen	Gewebe
TECHNISCHE LEISTUNGSFÄHIGKEIT	WÄRMEHAUSHALT	Solarfaktor				•				•
		direkter Solartransmissionsgrad				•				•
		sekundärer Wärmetransportfaktor				•		•		•
		Faktor zur Reduzierung der Sonneneinstrahlung				•		•		•
		kontrollierte Belastung durch Sonneneinstrahlung (3) (4)				•				•
		Verringerung der Wärmeverluste		wenn erforderlich	•	•	•	•	•	•
		Luftdurchlässigkeit (1) (2)		wenn erforderlich		wenn erforderlich		wenn erforderlich	•	•
		Luftdichtigkeit (1) (2)		wenn erforderlich		wenn erforderlich		wenn erforderlich	•	•
		U-Wert (6) (5)							•	•

Zwischenschicht

1 Bei gut gedämmten Gebäuden geht der Hauptwärmeverlust auf die Be- und Entlüftung sowie auf Lufteintritte durch Zugluft zurück. Eine durchgehende luftdichte Schicht kann den Lufteintritt von außen reduzieren.

Zweite Haut

2 In gut gedämmten Gebäuden (mittlerer U-Wert für Wände und Dach < 0.3 W/m² K) geht der Wärmeverlust zum größten Teil auf Lüftung und Zugluft zurück. Eine durchgehende, außen liegende textile Haut kann den Winddruck auf die transparente oder instransparente dahinterliegende Wand verringern.

3 Die Wärmebelastung durch die Fenster bestimmt die Kühllasten der vollklimatisierten Gebäude. Die Verwendung einer textilen zweiten Haut kann die Wärmebelastung, durch Sonneneinstrahlung und somit die Kühllasten und den Energieverbrauch verringern. Das Ausmaß der Verringerung hängt vom Glasanteil der Fassade und dem Solarfaktor des Gewebes ab. Ein sehr geringer Solarfaktor für Textilflächen vor transparenten Wänden kann nicht nur die Wärmebelastung, sondern auch die Lichtdurchlässigkeit vermindern, was zu einer Verringerung der Tageslichtautonomie führen kann.

Textile Bauhülle

4 Lichtdurchlässige Materialien können zur Kontrolle der Belastung durch Sonneneinstrahlung eingesetzt werden. Wenn Membranen mit 98 % Strahlungsdurchlässigkeit verwendet werden, ist es notwendig, die Stahlungsbelastung durch den Einsatz von adaptiven oder passiven Verschattungssystemen zu verringern. Eine ebenfalls nützliche Strategie ist gestreute Serigrafie auf einer oder mehreren Schichten der Hülle.

5 Die Kontrolle des Wärmedurchgangs (U-Wert) ist ein kritischer Faktor für mehrlagige textile Hüllen. Hüllen dieser Art haben einen Wärmedurchgangskoeffizienten (U-Wert) zwischen 3,3 W/m² K (zwei Lagen) und 1,9 (fünf Lagen). Der U-Wert kann durch Membranen oder Gewebe mit Niedrigemissionsbeschichtung verringert werden. Metallrahmen sollten mit Thermosperren (Dämmung) ausgestattet sein, um Wärmeverluste über die Struktur zu verringern.

6 Die Verwendung einer textilen Haut mit Niedrigemissionsflächen im Hohlraum zwischen zwei verschiedenen Wandoberflächen erhöht den Wärmewiderstand des Hohlraumes und verringert den Wärmedurchgang durch die Wand.

| ERFORDERLICHE LEISTUNG | | | ZWISCHENSCHICHT | | ZWEITE HAUT | | | | TEXTILE HÜLLE | |
| | | | LEICHTBAUWAND | | TRANSPARENTE WAND | | INTRANSPARENTE WAND | | MEHRLAGIGE TEXTILE WAND | |
			Rahmen	Gewebe	Rahmen	Gewebe	Rahmen	Gewebe	Rahmen	Gewebe
TECHNISCHE LEISTUNGS-FÄHIGKEIT	HALTBARKEIT	Farbbeständigkeit			•	•	•	•	•	•
		Beständigkeit des äußeren Erscheinungsbildes			•	•	•	•	•	•
		Bruchsicherheit			•	•	•	•	•	•
		Korrosionsbeständigkeit					•	•		
		UV-Lichtbeständigkeit				•		•		•
		Beständigkeit gegenüber biologischen Witterungseinflüssen	•	•	•	•				•
		Alterungsbeständigkeit	•	•	•	•	•	•	•	•
		Feuerwiderstand (1)							•	•
		Feuchtebeständigkeit	•	•	•	•	•	•	•	•
		Wasserbeständigkeit	•	•	•	•	•	•	•	•

Textile Bauhülle

1 Der Feuerwiderstand ist ein kritischer Faktor für mehrlagige textile Hüllen. Die Materialien sind in der Regel brandschutzbehandelt, wobei die entsprechende maximale Toxizität für die unterschiedlichen Stufen der Brandgefährdung garantiert wird. Die Toxizität für den Nutzer hängt von der Menge des brennenden Materials ab, denn alle Kunststoffe geben im Brandfall Dioxin und andere giftige Substanzen ab. Aufgrund des geringen Feuerwiderstands ist es wichtig, entsprechende Abgrenzungen für die umschlossenen Baukörper und Tragstrukturen zu definieren, um eine schnelle Brandausbreitung im Gebäude zu verhindern.

| | | | ZWISCHENHAUT | | ZWEITE HAUT | | | | TEXTILE HÜLLE | |
| | | | LEICHTBAUWAND | | TRANSPARENTE WAND | | INTRANSPARENTE WAND | | MEHRLAGIGE TEXTILE WAND | |
ERFORDERLICHE LEISTUNG			Rahmen	Gewebe	Rahmen	Gewebe	Rahmen	Gewebe	Rahmen	Gewebe
TECHNISCHE LEISTUNGS-FÄHIGKEIT	MECHANISCHE LEISTUNGS-FÄHIGKEIT	Stoßfestigkeit			•	•	•	•	•	•
		Beständigkeit gegen Wind-lasten			•	•	•	•	•	•
		Beständigkeit gegen Zuglasten			•	•	•	•	•	•
		Einbruchsicher-heit (2)							•	•
		Schnittsicher-heit (1)				•		•		•

Zweite Haut

1   Die Schnittsicherheit ist ein kritischer Faktor für Außenhaut-textilien, besonders im Hinblick auf Vandalismus. Schnittfes-tigkeit kann bei Textilien durch Kopplung mit Plexiglas oder ande-ren Kunststoffen erzielt werden. Es können auch Gewebe mit Metallfasern verwendet werden.

Textile Bauhülle

2   Die Einbruchsicherheit ist ein kritischer Faktor für Außenhaut-textilien, besonders im Hinblick auf Vandalismus.

DIE ZUKUNFT DER TEXTILEN HÜLLE FÜR UMWELTVERTRÄGLICHE GEBÄUDE

Die Langzeitanalyse zur Umweltverträglichkeit eines Produktes ist komplex, und es muss eingeräumt werden, dass die Analyse von nachhaltiger textiler Architektur einzig im Hinblick auf Recyclingfähigkeit und niedrige Schadstoffemissionen nicht länger ausreichend ist. Heutzutage müssen nachhaltige Materialien die Umwelt während ihres gesamten Lebenszyklus schonen, wobei folgende Aspekte zu beachten sind:

– die Verwendung natürlicher Ressourcen – die Wassernutzung und der produktionsbedingte Wasserverbrauch – der Energieverbrauch für die Herstellung – der Energieverbrauch für Transport und Aufbau	allgemein als graue Energie bezeichnet
– Treibhausgasemissionen, die zur Klimaerwärmung beitragen – die Toxizität für Menschen und Umwelt – Müll und Sondermüll	

Die Definition aller Nachhaltigkeitsindikatoren ist aufgrund des Mangels an Informationen und des interdisziplinären Charakters der für eine vollständige Analyse erforderlichen Studie ausgesprochen komplex.

Es gibt dennoch Produkte, die von toxischen Stoffen „befreit" sind und ihre lange Haltbarkeit und mechanische Festigkeit behalten haben.
Die Hauptbestandteile eines textilen Gebäudehüllensytems können recycelt werden, wobei der Verbrauch von Energie und natürlichen Ressourcen verringert wird:
Neue industrielle Verfahren zur Ablösung der Beschichtungen von Textilelementen (Texyloop von Ferrari S.A.) ermöglichen die Wiederverwendung zahlreicher Textilien. Am Ende der Lebensdauer eines Produktes können die Stoffe als Rohmaterial zur Herstellung neuer Produkte in einem geschickten Kreislauf wiederverwendet werden.
Trotz des hohen Energie-, Material- und Wasserverbrauchs bei ihrer Herstellung haben Stahl- und Aluminiumrahmen einen hohen Recyclingwert. Sie können eingeschmolzen und wiederverwendet werden.

Die Verwendung von leichten Materialien für textile Hüllen verringert auch den Transportenergieverbrauch. Textilien lassen sich vor dem Verpacken zusammenrollen und ermöglichen eine optimale Nutzung des Laderaums in Zügen, Flugzeugen und Lkws.

Die Nachhaltigkeit eines textilen Gebäudehüllensystems zur Bereitstellung einer zweiten Haut kann, je nach Anwendung, auch durch einen Nebeneffekt erhöht werden. Schließlich ist überwiegend die Gebäudehülle für die Heiz- und Kühlkosten verantwortlich, die vor allem durch folgende Faktoren bedingt werden:

– Luft- und Feuchteeintritte (Winterperiode);
– Verluste durch Wärmeleitung (Winter- und Sommerperiode);
– Belastung durch Sonneneinstrahlung (Sommerperiode).

In Abhängigkeit von der Gestalt des Gebäudes, vom durchschnittlichen Niveau der Wärmedämmung und vom Verhältnis zwischen transparenten und strahlungsundurchlässigen Wandflächen kann der Einsatz von gut geplanten Zweite-Haut-Textilien die jährlichen Betriebskosten wesentlich senken.

MARK COX, TIM DE HAAS,
ROEL GIJSBERS, ARNO PRONK,
IVO VROUWE und JEROEN
WEIJERS

SONNENSCHUTZ

EINLEITUNG

Textile Elemente lassen sich auf folgende unterschiedliche Arten zur Klimatisierung von Gebäuden einsetzen:

- Verwendung von speziellen Materialien (Speicherstoffen) oder Beschichtungen;
- Verwendung mehrerer Schichten von Textilien;
- Erhitzung bzw. Kühlung der Membranen;
- Kühlung durch Luftzufuhr durch die Membran.

Eine Membran kann verschiedene Funktionen erfüllen, sie kann als Sonnenschutz oder zur Wärme- und Schalldämmung verwendet werden. Sonnenschutzvorrichtungen verhindern die Erhitzung durch Sonneneinstrahlung. Für diesen Zweck eignen sich nicht-transparente Membranen und Mehrschichtmembranen. Der Wärmedämmungswert einer Konstruktion ist abhängig von der Dicke der Membranen und den Abständen zwischen den Membranen. Eine bessere Isolierung kann durch transparentes Material oder reflektierende Schichten erzielt werden.

Wärmeübertragung ist ein zentraler Begriff der Bauplanung geworden. Im vorliegenden Beitrag werden die grundlegenden Prinzipien der Wärmeübertragung besprochen und die Beziehungen zwischen ihnen erläutert. Auf der Grundlage dieser Prinzipien werden dann die verschiedenen Methoden der Klimatisierung im Zusammenhang mit Membrankonstruktionen beschrieben.

SCHLÜSSELBEGRIFFE ZUM SONNENSCHUTZ

Einschichtgewebe
In einer einzigen Schicht verwobenes oder gestricktes Material mit geringen schall- und wärmedämmenden Eigenschaften.

Mehrschichtgewebe
In einer doppelten Schicht oder in mehreren Schichten verwobenes oder gestricktes Material mit potenziellen schall- und wärmedämmenden Eigenschaften.

Mehrlagiges gedämmtes Membrandach
Kissen aus zwei oder mehr ETFE-Membranschichten mit Lufteinschlüssen. Die erwärmte Luft zwischen den Schichten bewirkt die Wärme- und Schalldämmung. Die Luft in den Kissen wird mit Sonnenenergie erhitzt, die extrahiert und für die Gebäudeheizung verwendet werden kann.

Luftdurchlässige Membran
Eine Membran, durch die ungehindert Luft strömen kann.

Luftdichtheit
Widerstand der Gebäudehülle gegen Luftein- bzw. Luftaustritt. Eine geringe Luftdichtheit führt zu einem erhöhten Energieverbrauch, um Luftaustritte zu kompensieren. Aus diesem Grund ist die Luftdichtheit ein wichtiger Faktor in der modernen Bauplanung.

Transparente Membran
Eine Membran, die durchlässig ist für sichtbares Licht.

Belüftung
Die Verwendung von Luft als Transportmedium für Erwärmung und Abkühlung. Die Luft kann vorgewärmt werden, wenn sie sich zwischen den Membranen befindet.

Solartransmissionsgrad
Der Anteil der Sonneneinstrahlung in Prozent, der ein transparentes Material durchdringt. Eine einfache Glasscheibe hat einen Solartransmissionsgrad von ca. 0,8, d.h. dass 80 % der Sonnenstrahlung durch die Glasscheibe hindurchdringen.

Transmissionsgrad für sichtbares Licht
Der Prozentanteil des sichtbaren Lichts, der durch ein Material hindurchdringt, gewichtet mit der Empfindlichkeit des menschlichen Auges. Eine einfache Glasscheibe hat einen Transmissionsgrad für sichtbares Licht von ca. 0,9.

Schwarzer Körper
Eine theoretische Strahlungsquelle, die alle Strahlung absorbiert und somit keine Strahlung hindurchdringen lässt oder reflektiert.

GRUNDLEGENDE PRINZIPIEN DER WÄRMEÜBERTRAGUNG

Wärmeübertragung ist ein wichtiger Faktor für die Verwendung textiler Elemente als Sonnenschutz. Die drei Hauptprinzipien der Wärmeübertragung sind Strahlung, Konvektion und Transmission.

STRAHLUNGSEMISSION UND STRAHLKÖRPER

Jedes Material mit einer spezifischen Temperatur wirkt als Strahlungsquelle. Nach dem Kirchhoffschen Gesetz ist die Strahlungsemission gleich der Strahlungsabsorption (5.1).

5.1

$\varepsilon_\lambda = \alpha_\lambda$

Strahlungsemission (ε_λ)
eines Materials.

Die Strahlungsemission unterscheidet sich nach Wellenlängen und bildet daher ein Spektrum. Dieses Spektrum bezieht sich auf die Temperatur eines schwarzen Körpers, d. h. einer theoretischen Strahlungsquelle, und wird durch das Plancksche Strahlungsgesetz definiert.

$$I(v,T) = \frac{2hv^3}{c^2} \frac{1}{e^{hv/kT}-1}$$

$I(n,T)$ = Emission für Frequenz n und Temperatur T		$[Wm^{-2}SrHz]$
n = Frequenz		$[Hz]$
T = Temperatur		$[K]$
c = Lichtgeschwindigkeit	$2,99792458 \cdot 10^8$	$[m/s]$
k = Boltzmann-Konstante	$1,386505 \cdot 10^{-23}$	$[J/K]$
h = Planck-Konstante	$6,6260693 \cdot 10^{-34}$	$[Js]$

Das Spektrum der Strahlungsemission kann durch eine Intensitätskurve dargestellt werden. Die Fläche unter der Intensitätskurve entspricht der gesamten Strahlungsemission des Materials und wird bei Temperaturanstieg größer. Die gesamte Wärmeabstrahlung ist nach dem Stefan-Boltzmann-Gesetz definiert:

$E_T = \varepsilon_\lambda \cdot \sigma \cdot T^4$		$[W/m^2]$
ε_λ	= Emissionskoeffizient für Wellenlänge λ	$[-]$
σ	= Stefan-Boltzmann-Konstante = $5,669 \cdot 10^{-8}$	$[W/m^2K^4]$
T	= Temperatur	$[K]$

Es gibt drei Beschreibungen einer Strahlungsquelle: schwarzer Körper, grauer Körper und selektiver Strahler (5.2).

– Ein schwarzer Körper hat einen Emissionskoeffizienten von 1. Er absorbiert die gesamte Strahlung, so dass keine Strahlung reflektiert wird oder hindurchdringt.
– Ein grauer Körper hat einen Emissionskoeffizienten, der kleiner als 1 und bei jeder Wellenlänge konstant ist.
– Die Emissionskoeffizienten eines selektiven Strahlers sind ebenfalls kleiner als 1, aber für die einzelnen Wellenlängen verschieden.

5.2

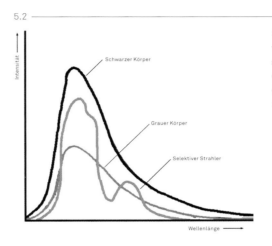

Strahlungsemission verschiedener Strahler: schwarzer Körper (schwarz), grauer Körper (grau) und selektiver Strahler (grün).

Das Spektrum der Sonne weicht etwas vom Spektrum eines schwarzen Körpers mit einer Temperatur von 5.800 K ab. Außerdem filtert die Erdatmosphäre einen Teil des Lichts in verschiedenen Wellenlängen und bewirkt Lücken im Spektrum. Das Stefan-Boltzmann-Gesetz, das die gesamte Wärmeabstrahlung definiert, bezieht sich auf einen perfekten schwarzen Körper, so dass der Wert, der mit dieser Formel erzielt wird, höher ist als die tatsächliche Wärmeabstrahlung (5.3).

5.3

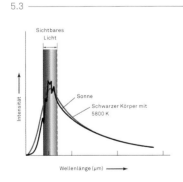

Intensitätskurven der Strahlungsemission der Sonne und der Strahlungsemission eines schwarzen Körpers mit einer Temperatur von 5.800 K.

5.4

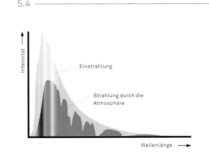

Intensitätskurve der Sonneneinstrahlung mit Filterwirkung der Erdatmosphäre.

Die mittlere gesamte Strahlung, d. h. die Summe der direkten und der diffusen Bestrahlung des Beispiels einer senkrechten Fläche im Sommer in den Niederlanden, beträgt ca. 400 W/m² [Knoll, 2002].

Membranen im Allgemeinen und Textilien im Besonderen sind keine perfekten schwarzen Körper, da sie Licht reflektieren. Demzufolge wird nicht das gesamte Licht absorbiert, und im Fall transparenter Materialien dringt Licht hindurch. Nicht-transparente Membranen und Textilien wirken eher wie graue Körper und transparente Membranen wie selektive Strahler. Diese Eigenschaften können eingesetzt werden, um Infrarotstrahlung – Wärme – zu blockieren, aber sichtbares Licht hindurchdringen zu lassen.

Nicht-transparente Materialien
Ein nicht-transparentes Material absorbiert und reflektiert einfallende Strahlung. Es wirkt als grauer Strahler, der im vorliegenden Beispiel eine Temperatur von 80 °C an der Gebäudeinnenseite hat (5.5).

5.5 —————————————————————————————————————

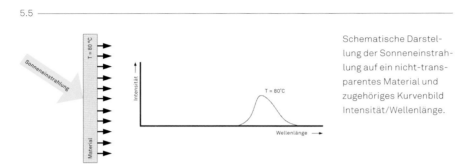

Schematische Darstellung der Sonneneinstrahlung auf ein nicht-transparentes Material und zugehöriges Kurvenbild Intensität/Wellenlänge.

Transparente Materialien
Ein transparentes Material, das für Sonnenstrahlung durchlässig ist, führt zur Erzeugung von Wärme, die in der Regel passive Sonnenenergie genannt wird. Hier wird die Bedeutung von Sonnenschutz klar ersichtlich (5.6).

5.6 —————————————————————————————————————

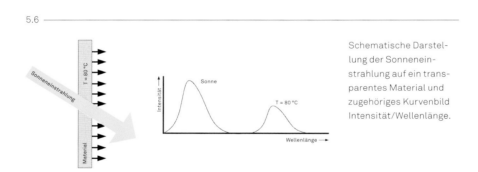

Schematische Darstellung der Sonneneinstrahlung auf ein transparentes Material und zugehöriges Kurvenbild Intensität/Wellenlänge.

Beschichtungen spielen eine wichtige Rolle beim Prozess der Strahlungs-/Wärmeübertragung, da sie die Eigenschaften selektiver Strahler bereitstellen können. Das Ausmaß von Reflexion und Emission wird von Oberflächeneigenschaften wie z.B. Rauigkeit oder Farbe beeinflusst. Raue Oberflächen reflektieren weniger Strahlung als glatte Oberflächen, und dunkle Farben haben einen höheren Emissionskoeffizienten als helle Farben. Transparente Membranen haben einen hohen Transmissionskoeffizienten, da sie sehr lichtdurchlässig sind.

STRAHLUNG

Strahlung lässt sich in ein sichtbares und ein nicht-sichtbares Spektrum aufteilen. Das sichtbare Spektrum umfasst den Strahlungsbereich mit Wellenlängen zwischen 0,4 und 0,8 μm. Der Strahlungsbereich mit kleineren Wellenlängen ist ultraviolettes Licht, der Strahlungsbereich mit größeren Wellenlängen von 0,8 bis 800 μm ist Infrarotlicht. Die Übertragung von Strahlungswärme geht hauptsächlich auf Infrarotstrahlung und die größere Intensität dieser Wellenlängen im Sonnenspektrum zurück (5.3, 5.4).

Die folgenden drei Materialeigenschaften sind wichtige Faktoren im Hinblick auf die Einstrahlung mit der Wellenlänge λ: Absorption α_λ, Reflexion ρ_λ, Transmission τ_λ. Die Summe dieser drei Komponenten ist immer 1 und stellt das Ausmaß der Einstrahlung dar (5.7). Ein nicht-transparentes Material lässt keine Strahlung hindurchdringen.

5.7 ——————————————————————————

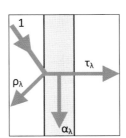

$$\alpha_\lambda + \rho_\lambda + \tau_\lambda = 1$$
Einstrahlung (1),
Absorption (α_λ),
Reflexion (ρ_λ),
Transmission (τ_λ).

Beispiel		Sonnenstrahlung auf eine transparente PVC-Einschichtmembran	
Einstrahlung		800 W/m²	
Absorption (α_λ)	20 %	160 W/m²	bewirkt eine Temperaturerhöhung der Membran
Reflexion (ρ_λ)	10 %	80 W/m²	
Transmission (τ_λ)	70 %	560 W/m²	

KONVEKTION

Ist über einer Oberfläche ein Luftstrom vorhanden, wird die Wärme durch Konvektion übertragen (5.8). Ein Luftstrom kann durch mechanische Vorrichtungen erzeugt werden oder durch Temperatur- oder Druckunterschiede entstehen. Dieser Energiestrom durch Konvektion ist abhängig vom Wärmeübertragungskoeffizienten an der Oberfläche, der gleich der Größe der Kontaktfläche mit der Luft multipliziert mit der Differenz zwischen Oberflächen- und Lufttemperatur ist. Der Wärmeübertragungskoeffizient an der Oberfläche steht im Zusammenhang mit der dynamischen Viskosität der Luft, der Luftgeschwindigkeit und der Beschaffenheit des Luftstroms (laminar oder turbulent). Konvektion wird bei Fassadenkonstruktionen mit mehreren Gewebeschichten eingesetzt, um die Wärme zwischen den Schichten zu extrahieren.

$Q = \alpha \cdot A(T_s - T_a)$	$[W]$
Q = Wärmestrom durch Konvektion	$[W]$
α = Konvektionskoeffizient	$[W/m^2K^4]$
A = Oberfläche	$[m^2]$
T_s = Oberflächentemperatur	$[K]$
T_a = Lufttemperatur	$[K]$

5.8 ───────────────

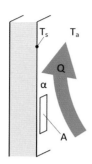

$Q = \alpha \cdot A(T_s - T_a)$
Wärmeübertragung
durch Konvektion.

Beispiel Konvektion entlang einer Oberfläche einer Einfachmembrankonstruktion

$Q = \alpha \cdot A(Ts-Ta)$		$[W]$

Sonneneinstrahlung erwärmt die Membran und erhöht so die Oberflächentemperatur.
Bei Verwendung von mehreren Schichten und einem mit Luft gefüllten Hohlraum wird die
Oberflächentemperatur und damit der Wärmestrom durch Konvektion reduziert.

α = Konvektionskoeffizient	7,7	$[W/m^2K^4]$
A = Oberfläche	1	$[m^2]$
Ts = Oberflächentemperatur	80	$[°C]$
Ta = Lufttemperatur	20	$[°C]$
Q = Wärmestrom durch Konvektion	462	$[W]$

TRANSMISSION

Die Wärmeübertragung durch ein Material kann per Transmission erfolgen (5.9). Die Größe des durch Transmission erzeugten Wärmestroms ist abhängig von den Wärmedurchlasseigenschaften des Materials. Je höher die Wärmeleitfähigkeit (λ), umso höher der Wärmestrom, der durch das Material hindurchdringt. Eine einzelne Membran kann aufgrund ihrer geringen Dicke die Wärme nicht im Gebäude bzw. außerhalb des Gebäudes halten. Die Wärmeleitfähigkeit der Membranen von ETFE-Folienkissen ist verglichen mit der eingeschlossenen Luft relativ hoch.

$Q = A \cdot (\lambda\ /\ d) \cdot (T_2 - T_1)$	[W]
Q = Wärmestrom durch Transmission	[W]
A = Oberfläche	[m²]
λ = Leitfähigkeit	[W/mK]
d = Dicke	[m]
T_2 = Oberflächentemperatur außen	[°C]
T_1 = Oberflächentemperatur außen	[°C]

5.9

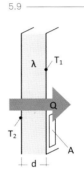

$Q = A \cdot (\lambda/d) \cdot (T_2 - T_1)$
Wärmeübertragung durch Transmission.

Beispiel

Die Wärmeübertragung durch die Konstruktion kann mit einer Reihe von Widerständen veranschaulicht werden. Der Außenwiderstand beträgt 0,04 m²K/W, der Innenwiderstand 0,13 m²K/W und der Widerstand eines mit Luft gefüllten Hohlraums von ca. 5 cm beträgt 0,17 m²K/W. Die Wärmeleitfähigkeit (λ) von PVC ist 0,15 W/mK. Der thermische Widerstand einer Membran mit einer Dicke von 1 mm ist $0{,}001\ /\ 0{,}15 = 6{,}67 \cdot 10^{-3}$ m²K/W. Das Verhältnis zwischen dem thermischen Widerstand der Membran und der Luft im Hohlraum beträgt $6{,}67 \cdot 10^{-3} : 0{,}17$ oder 1 : 25. Daraus folgt, dass eine einzelne Membran verglichen mit dem Hohlraum keinen hohen thermischen Widerstand hat.

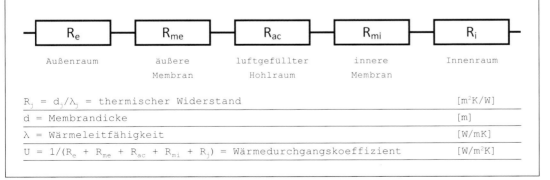

R_e	R_{me}	R_{ac}	R_{mi}	R_i
Außenraum	äußere Membran	luftgefüllter Hohlraum	innere Membran	Innenraum

$R_j = d_j/\lambda_j$ = thermischer Widerstand	[m²K/W]
d = Membrandicke	[m]
λ = Wärmeleitfähigkeit	[W/mK]
$U = 1/(R_e + R_{me} + R_{ac} + R_{mi} + R_j)$ = Wärmedurchgangskoeffizient	[W/m²K]

Zur Klärung der Beziehung zwischen den verschiedenen Wärmeübertragungsprozessen (Strahlung, Konvektion, Transmission) dient das Beispiel einer Fassadenkonstruktion mit einer nicht-transparenten Einschichtmembran. Die Bedingungen (in den Sommermonaten in den Niederlanden) ergeben eine Temperaturdifferenz entlang der Fassade von 10 K: Außentemperatur 30 °C und Innentemperatur 20 °C.

Strahlung
Die durchschnittliche gesamte Sonneneinstrahlung auf eine senkrechte Oberfläche im Sommer in den Niederlanden beträgt ca. 400 W/m².

Die Strahlung der Oberfläche der Fassade kann nach dem Stefan-Boltzmann-Gesetz berechnet werden.

$E_T = \varepsilon_\lambda \cdot \sigma \cdot T^4$		[W/m²]
ε_λ	= Emissionskoeffizient für Wellenlänge λ = ca. 0,90	[-]
σ	= Stefan-Boltzmann-Konstante = $5{,}669 \cdot 10^{-8}$	[W/m²K⁴]
T	= Temperatur	[K]

Eine Oberfläche mit einer Temperatur von 10 °C, 20 °C und 60 °C strahlt jeweils 328 W/m², 376 W/m² und 430 W/m² ab.

Konvektion
Bei einer Differenz von 60 K zwischen der Temperatur der Innenluft und der Membrantemperatur an der Oberfläche beträgt der Wärmestrom durch Konvektion 462 W/m². Bei einer Differenz von 10 K sind es 77 W/m².

Transmission
Der thermische Widerstand der Doppelschichtfassade beträgt ca. 0,34 m²K/W. Die Temperaturdifferenz entlang der Konstruktion beträgt 10 K, wodurch sich ein Wärmestrom durch Transmission von ca. 29 W/m² ergibt.

Schlussfolgerung
Daraus kann man schließen, dass bei der Fassadenplanung ein niedriger Solartransmissionsgrad und ein hoher Transmissionsgrad für sichtbares Licht bevorzugt werden. Sonnenstrahlung ist der wichtigste Faktor der physikalischen Mechanismen der Fassade und muss blockiert werden, um im Sommer eine Überhitzung im Innern zu vermeiden.

Die Infrarotstrahlung des Sonnenspektrums erzeugt am meisten Wärme und ist daher der Teil des Spektrums, der blockiert werden muss. Der Transmissionsgrad für sichtbares Licht ist abhängig von der Transparenz des Gebäudes, und die ist in einer Epoche, in der bei Fassadenkonstruktionen viel Wert auf Transparenz gelegt wird, ausgesprochen erwünscht.

KATEGORIEN DER MEMBRAN-FASSADENKONSTRUKTIONEN

5.10

Prinzipien der Wärmeübertragung und Konstruktion.

Fassadenkonstruktionen mit Membranen haben verschiedene Eigenschaften, die im Zusammenhang mit den drei bereits besprochenen zentralen Wärmeübertragungsprinzipien (5.10) eine wichtige Bedeutung für die Bauphysik der von ihnen umschlossenen Räume haben. Diese lassen sich folgendermaßen kategorisieren:

DOPPELSCHICHTKONSTRUKTION

Eine Konstruktion aus zwei Schichten, die einen mit Luft gefüllten Hohlraum umschließen. Die eingeschlossene Luft sorgt für eine geringere Wärmeübertragung durch Transmission. Der Hohlraum kann zur darüber hinausgehenden Kontrolle von Energieflüssen auch belüftet werden.

TRANSPARENTE MEMBRANEN

Transparente Membranen haben einen hohen Durchlassgrad für sichtbares Licht und Infrarotstrahlung. Wird auf der Außenseite des Gebäudes eine transparente Membran angebracht, muss die durch die Sonneneinstrahlung hervorgerufene Erwärmung in der Fassadenkonstruktion berücksichtigt werden. Falls eine transparente Membran an der Gebäudeinnenseite angebracht wird, muss die Wärmeerzeugung im Innern berücksichtigt werden, wenn Sonnenlicht auf Konstruktionselemente wie Fußböden und Wände trifft.

NICHT-TRANSPARENTE MEMBRANEN

Nicht-transparente Membranen blockieren direktes Sonnenlicht und können daher als Sonnenschutz verwendet werden. Bei Anwendung auf der Außenseite verhindern sie, dass Sonnenlicht in das Gebäude eindringt. Gleichzeitig absorbieren sie Sonnenlicht und erwärmen sich, was aber im Gebäudeinnern nicht zum Effekt einer passive Solarheizung führt. Wird eine nicht-transparente Membran jedoch im Innern des Gebäudes angebracht, müssen die Energieemissionseigenschaften der Membran berücksichtigt werden, die sich infolge der Sonneneinstrahlung erwärmt.

HALBTRANSPARENTE KONSTRUKTION

Das Problem bei einer halbtransparenten Konstruktion ist die Erwärmung im Innern durch die direkte Sonneneinstrahlung. Mit einer Solartransmission von 10 % (im Sommer in den Niederlanden) dringen 100 W/m^2 direkt in das Gebäude ein und bewirken eine mögliche Überhitzung.

LUFTDICHTE MEMBRANEN
Luftdichte Membranen sind undurchlässig für Luft und reduzieren den Luftstrom durch die Konstruktion.

LUFTDURCHLÄSSIGE MEMBRANEN
Luftdurchlässige Membranen lassen die Luft frei strömen. Sie werden als Wind- und Sonnenschutz verwendet. Die Außenluft kann in den Hohlraum eindringen.

BELÜFTETER HOHLRAUM
Bei einem belüfteten Hohlraum befindet sich ein gesteuerter Luftstrom zwischen der inneren und der äußeren Schicht. Dieser Luftstrom wird von einer mechanischen Vorrichtung oder durch Temperatur- oder Druckunterschiede entlang der Konstruktion erzeugt. Der Luftstrom wird verwendet, um die durch die Sonneneinstrahlung im Innern erzeugte Wärme zu minimieren oder um warme Luft für eine passive Solarheizung des Gebäudes zu erhalten.

ANWENDUNGSBEISPIELE FÜR TECHNISCHE TEXTILIEN

ZWEITE-HAUT-FASSADE
Im Fall von Zweite-Haut-Fassaden befindet sich die Textilfläche an der Außenseite des Gebäudes. Zwischen dem Gewebe und der eigentlichen Fassade liegt ein belüfteter Zwischenraum. Die Textilstruktur dient als Sonnenschutz und ist ein wichtiger Faktor für das Gesamtbild des Gebäudes. Die Außenfläche des Gewebes kann aus einer oder mehreren Schichten (Folienkissen) bestehen und isoliert sein.

KLIMAFASSADE
Hinter der vorgehängten Fassade wird eine zweite Textilfläche angebracht. Die Textilfläche wird als Sonnenschutz in Kombination mit Vorrichtungen zur Klimatisierung des Gebäudes eingesetzt.

DÄCHER
Es gibt zahlreiche Beispiele für dauerhafte Gebäude mit Dächern aus Textilien, bei denen einschichtige, mehrschichtige und isolierte Gewebestrukturen für den Sonnenschutz und die Klimatisierung des Gebäudes verwendet werden.

SCHUTZÜBERDACHUNGEN
Die Klimatisierung von temporären oder teilpermanenten Gebäuden und Pavillons ist abhängig vom Konstruktionstyp: Es gibt vorgespannte Membranen und aufblasbare Strukturen.

TYPOLOGIE VON GEBÄUDEKONSTRUKTIONEN

Die verschiedenen Methoden der Klimatisierung im Zusammenhang mit Membrankonstruktionen lassen sich in vier Kategorien aufteilen:

- transparente Membranen an der Innenseite von Konstruktionen;
- nicht-transparente Membranen an der Innenseite von Konstruktionen;
- transparente Membranen an der Außenseite von Konstruktionen;
- nicht-transparente Membranen an der Außenseite von Konstruktionen.

Weitere Eigenschaften von Membranmaterialien ermöglichen Konstruktionen mit luftdurchlässigen, luftdichten und transparenten Membranen mit oder ohne Belüftung.

TRANSPARENTE MEMBRAN AN DER INNENSEITE

Bei dieser Fassadenkonstruktion werden eine oder mehrere Schichten mit einer transparenten Membran an der Innenseite der Konstruktion verwendet. Die transparente Membran kann als luftdichte Schicht verwendet werden (5.11).

5.11

Einschichtmembran

Mehrschichtmembran

luftdurchlässige Membran

luftdurchlässige Membran

transparente Membran

transparente Membran

Fassade/Tragwerk

belüftet

Außenraum | Innenraum

POSITION	Innenseite							
TRANSPARENT	ja							
SCHICHTEN	eine Schicht				mehrere Schichten			
LUFTUNDURCH-LÄSSIGKEIT	ja		nein		ja		nein	
BELÜFTUNG	ja	nein	ja	nein	ja	nein	ja	nein
PRINZIP								

Eine luftdurchlässige und transparente Membran kann weder als Sonnenschutz noch als Isolierung verwendet werden, sie kann aber ästhetische Zwecke erfüllen. Dasselbe gilt für luftdurchlässige und transparente Mehrschichtmembranen.

NICHT-TRANSPARENTE MEMBRAN AN DER INNENSEITE

Eine nicht-transparente Membran an der Innenseite eines Gebäudes kann zum Schutz vor Sonnenstrahlung verwendet werden (5.12).

5.12

POSITION	Innenseite							
TRANSPARENT	nein							
SCHICHTEN	eine Schicht				mehrere Schichten			
LUFTUNDURCHLÄS-SIGKEIT	ja		nein		ja		nein	
BELÜFTUNG	ja	nein	ja	nein	ja	nein	ja	nein
PRINZIP								

TRANSPARENTE MEMBRAN AN DER AUSSENSEITE

Eine transparente Membran kann für Fassadenkonstruktionen verwendet werden, wenn im Innern große Helligkeit erforderlich ist (5.13). Insbesondere in Kombination mit einer Belüftung ist die Verwendung einer Solarheizung möglich.

5.13

POSITION	Außenseite							
TRANSPARENT	ja							
SCHICHTEN	eine Schicht				mehrere Schichten			
LUFTUNDURCH-LÄSSIGKEIT	ja		nein		ja		nein	
BELÜFTUNG	ja	nein	ja	nein	ja	nein	ja	nein
PRINZIP								

Wie bei den vorherigen Konstruktionstypen auch hat eine luftdurchlässige und transparente Einschicht- oder Mehrschichtmembran keine technische Funktion und bietet weder Sonnenschutz noch Isolierung. Sie kann zu ästhetischen Zwecken verwendet werden.

NICHT-TRANSPARENTE MEMBRAN AN DER AUSSENSEITE

Eine nicht-transparente Membran an der Außenseite einer Konstruktion verhindert, dass die Sonnenstrahlung die Konstruktion erreicht, so dass im Innern weniger Wärme entsteht (5.14).

5.14

POSITION	Außenseite							
TRANSPARENT	nein							
SCHICHTEN	eine Schicht				mehrere Schichten			
LUFTUNDURCH-LÄSSIGKEIT	ja		nein		ja		nein	
BELÜFTUNG	ja	nein	ja	nein	ja	nein	ja	nein
PRINZIP								

5.15, 5.16

Pilotprojekt Boogstal für Milchvieh in Dieteren, Niederlande.

FALLSTUDIE

Das folgende Beispiel ist Teil eines Forschungsprojekts im Bereich Gebäudephysik der Forschungsgruppe Produktentwicklung im Fachbereich Architektur, Baukunde und Bauplanung der TU Eindhoven in den Niederlanden. Es zeigt die physikalischen Eigenschaften der passiven Klimatisierung einer Membranfassadenkonstruktion.

An der TU Eindhoven wurde zusammen mit führenden Beratungsfirmen ein kostengünstiges und flexibles Stallsystem für Milchvieh entwickelt [Gijsbers, 2005]. Der Boogstal (Bogenstall) wurde mit dem SlimBouwen©-Ansatz für Gebäudetechnik und Produktentwicklung geschaffen [Lichtenberg, 2005] und als Pilotprojekt 2006 in Dieteren im Süden der Niederlande eingeführt. Der Stall wurde so entwickelt, dass eine stabile Innentemperatur zwischen 0 °C und 20 °C besteht, was der thermisch neutralen Zone für Milchvieh entspricht (5.15, 5.16).

Detailansicht Dach:
Trägerstruktur, obere
und untere Membran und
Belüftungsöffnungen.

Die Konstruktion besteht aus einer Reihe von Stahlträgerbögen. Zwischen zwei benachbarten Bögen dient eine Doppelschichtmembran als Dachbelag und als natürliches Belüftungssystem, das an den jeweils erforderlichen Belüftungsbedarf angepasst werden kann (5.17).

Das Dach wurde in erster Linie im Hinblick auf eine Geringhaltung der Innentemperatur bei hohen Außentemperaturen entwickelt. Milchvieh ist unempfindlich gegen niedrige Temperaturen, weshalb der Stall nicht isoliert ist, es reagiert jedoch sehr empfindlich auf Temperaturen über 25 °C, die Hitzestress auslösen und die Milchproduktion drastisch reduzieren.

Das zweilagige Dach besteht aus einer äußeren Schicht mit einem zu 55 % durchlässigen Windschutzgeflecht, das die Windgeschwindigkeit reduziert und, was wichtiger ist, den größten Teil der Sonnenstrahlung blockiert. In der Folge wird ein Teil der von den Membranen aufgenommenen Wärme über den Luftpuffer zwischen den beiden Schichten durch Konvektion abgegeben. Die Wärme im Stall kann aufgrund des thermischen Auftriebs und aufgrund von Luftbewegungen bei Windgeschwindigkeiten von über 3 m/s durch die zahlreichen Lüftungsöffnungen entweichen (5.18).

Detailansicht Dach: Wind-
schutzgewebe oben und
semi-transparente Folie
unten.

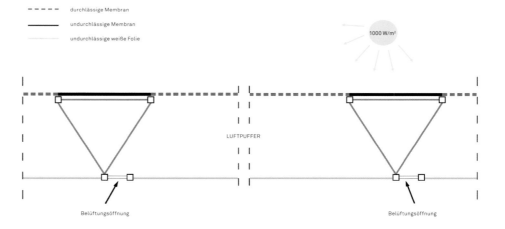

durchlässige Membran
undurchlässige Membran
undurchlässige weiße Folie

1000 W/m²

LUFTPUFFER

Belüftungsöffnung

Belüftungsöffnung

Die untere Schicht aus weißer Folie hält Regen ab. Unter den Trägerelementen, die oben geschlossen sind, wurden schmale offene Streifen zur Belüftung angebracht, die die gesamte Länge des tragenden Bogens abdecken. Daraus ergibt sich ein homogener und ausreichender Belüftungsstrom zur Vermeidung von Kondensation und zur Gewährleistung einer gleichmäßigen Innentemperatur und Feuchtigkeit im Stall, wie die einjährige Überwachungsphase gezeigt hat [Gijsbers et al., 2007]. Die weiße Folie verhindert das Eindringen von direktem Sonnenlicht in den Stall und bewirkt eine diffuse und natürliche Transmission von Tageslicht. Die damit erzielte Helligkeit ist im Allgemeinen mit den ganzjährigen Bedingungen im Freien an einem bewölkten Tag vergleichbar, was gegenüber den herkömmlichen Ställen für Milchvieh eine gewaltige Verbesserung des Komforts darstellt.

Verglichen mit einem normalen Einschichtdach ohne Isolierung (wie z.B. aus Platten aus Wellblech oder Faserzement oder einer einzigen Folienlage) ist der Wärmestrom im Innern des Stalls an einem sonnigen Tag um ca. 75 % reduziert (T_a = 30 °C; Sonnenenergie = 1.000 W/m^2). Die Oberflächentemperatur des Dachmaterials ist ebenfalls bedeutend geringer: 85 °C bei einem Einschichtdach und 35 °C bei einem Doppelschichtdach. Daraus ergibt sich eine bedeutende Verbesserung des Komforts für die Tiere bei hohen Außentemperaturen.

Cox, M.D.G.M.; Gijsbers, R.; Haas, T.C.A. de: „Applied Design of an Energy-Efficient Multi-Layered Membrane Roofing System for Climate-Control of Semi-Permanent Shelters", in: Kenny, P. et al. (Hrsg.): *Proceedings of the 25th PLEA International Conference on Passive and*

Low Energy Architecture, 22.-24. Oktober 2008, University College Dublin, 2008.

Haas, T.C.A. de: „Boogstal voor de varkenshouderij", Diplomarbeit, Technische Universität Eindhoven, 2008.

Knoll, W.H.; Wagenaar, E.J.; van Weele, A.M.: *Handboek installatietechniek*, Rotterdam: Stichting ISSO, 2002.

Lichtenberg, J.J.N.: *Slimbouwen®*, Boxtel: Æneas, 2005.

Pronk, A.D.C.; Haas, T.C.A. de; Cox, M.G.D.M.: „Heat-Adapting Membrane", in: *Proceedings of Structural Membranes Conference*, Barcelona 2007.

ANAIS MISSAKIAN, KHIPRA NICHOLS und LILIANE WONG

VOM ROHMATERIAL ZUM ENDPRODUKT: TEXTILIEN FÜR INNENRÄUME

Technische Textilien zeichnen sich durch Leistungs- und Funktionsmerkmale aus und nicht durch ästhetische und dekorative Kriterien. Diese Unterscheidung zwischen Ästhetik und Zweckmäßigkeit fasst die bedeutenden Entwicklungen im Bereich Textilien eines ganzen Jahrhunderts zusammen. Unter dem Antrieb revolutionärer technischer Fortschritte haben die modernen Textilien mit ihren besonderen Eigenschaften ebenso revolutionäre und innovative Anwendungsbereiche in Innenräumen erobert. In jüngerer Zeit hat die Nanotechnologie bisher unbekannte Anwendungsmöglichkeiten für Textilien erschlossen, und dank des vielversprechenden Potenzials zur Erweiterung der Leistungsfähigkeit von Textilien werden sie in Innenräumen zukünftig eine wichtige Rolle spielen und ihren Einflussbereich weit über die historischen Salons oder das moderne Büro hinaus auch auf Unfallstationen oder Raumkapseln ausweiten.

Historisch wurden Textilien in Innenräumen vor allem für Vorhänge, Wandbehänge, Teppiche und Polstermöbel verwendet. Sie hatten die einfache und zeitlose Aufgabe, Wärme und Gemütlichkeit zu verbreiten oder vor der Sonne zu schützen, und wurden nach ästhetischen Kriterien ausgewählt. Spätere Weiterentwicklungen des Fasergehalts, der Webtechniken und der chemischen Behandlungsmethoden haben die funktionalen Qualitäten von Textilien verbessert, ihre Leistungsfähigkeit verändert und die Überwindung ihrer rein dekorativen Rolle ermöglicht. Der Weg zur „technischen Textilie", deren Bezeichnung schon auf die Integration der Technologie anspielt, zeichnete sich durch eine Experimentierfreude aus, die zur Entdeckung neuer Fasern und zu neuartigen Produktionsprozessen geführt hat. Diese Fortschritte sind jedoch auch das Ergebnis einer fächerübergreifenden Pädagogik, die den Einfluss der Bereiche Textilien, Produktgestaltung, Wissenschaft und Innenarchitektur erst richtig zur Geltung brachte.

Entwicklung eines zu
100 % aus Edelstahl
bestehenden Gewebes
für Schallschutzplatten
von Sophie Mallebranche
für das Jagdmuseum
im Hôtel de Guénégaud
des Brosses, Paris,
Frankreich. Ausstatter:
Jouve-Sazerat Vignaud
Architectes.

Aramid-Gewebe.

FASERENTWICKLUNG

Experimentierfreude stand am Anfang der Weiterentwicklung der uralten Textilkunst, die sowohl in einer Erweiterung der Leistungsfähigkeit natürlicher Fasern als auch in der Schaffung neuer, synthetischer Fasern bestand. Fasern lassen sich in drei Kategorien unterteilen: natürliche Fasern, synthetische Polymere und natürliche Polymere. Natürliche Fasern wie Wolle, Baumwolle und Seide zeichnen sich aus durch Festigkeit, Schallabsorption und Feuchtigkeitsaufnahme, durch thermische Eigenschaften, Elastizität, Anfärbbarkeit und ihre Reaktion auf Chemikalien. Natürliche Fasern wie Rayon oder Metallfasern gelten als Kunstfasern, da das Rohmaterial intensive Verarbeitungsprozesse durchläuft, bevor Textilien entstehen. Metallfasertextilien sind langlebig, nicht entflammbar, korrosionsbeständig und biegsam (6.1).

Synthetische Fasern bestehen aus Materialien auf Polymerbasis, wie z.B. Polyamid (Nylon), Polyester, Acryl, Polypropylen, Polyethylen, bzw. sind Fasern der Meta-Aramid- und Poly-Aramidgruppen, einer Klasse extrem hitzebeständiger Fasern. Das interessanteste Merkmal der leichtgewichtigen, biegsamen Aramidfasern ist ihre Festigkeit. Bei gleichem Gewicht sind sie fester als Glasfasern und fünfmal so fest wie Stahl (6.2).

Die Fortschritte in der Faser- und Garnentwicklung dauern nicht nur bei synthetischen, sondern auch bei den in der Natur vorkommenden Materialien an. So untersuchen Wissenschaftler z. B. Methoden, um die Produktion der aus Protein bestehenden Fasern der Seidenspinne zu fördern, die besonders stabil und reißfest sind.

Die Faserentwicklung, für die Chemiegiganten wie Dupont im Militärbereich bahnbrechende Forschungsarbeit geleistet haben, gehört zu den innovativsten Zweigen der technologischen Forschung. Technische Textilien entstehen aus spezifischen Fasern, die gesponnen und zu Stoffen verarbeitet werden, und sie dienen einem bestimmten Zweck. Technische Textilien müssen Anforderungen in Bezug auf die Bruch- und Zugfestigkeit, Biegsamkeit, Spannkraft, Abriebfestigkeit, das Absorptionsvermögen, die Entflammbarkeit, Wärmeempfindlichkeit, chemische Reaktivität und Beständigkeit erfüllen. Die Faserforschung und -entwicklung sowie die Technologien und die Techniken der Textilherstellung stehen bei der Verbesserung der technischen Textilien für Innenräume an erster Stelle.

Technische Textilien werden zumeist gewoben, sie können jedoch auch mit Strick-, Filz- oder Klöppeltechniken, mit den Techniken der Netz- oder Vliesherstellung, mit Tuftingverfahren oder einer Kombination dieser Prozesse hergestellt werden. Die meisten technischen Textilien sind zweidimensional, es werden jedoch auch immer mehr dreidimensionale gewobene oder gestrickte Textilstrukturen entwickelt und produziert.

Webstoffe bestehen in der Regel aus zwei rechtwinklig verkreuzten Fadensystemen. Die Fäden, die in der Längsrichtung des Gewebes verlaufen, werden als Kettfäden bezeichnet, die quer dazu verlaufenden Fäden als Schussfäden. Gewobene technische Textilien werden für die spezifischen Anforderungen einer bestimmten Anwendung entworfen. Ihre Festigkeit, Dicke, Dehnbarkeit, Durchlässigkeit und Haltbarkeit können variiert werden und sind abhängig von: Webstruktur, Fadendichte, Rohmaterial, Stapelfaser-/Filamentgarn, Feinheit und Drehung des Garns. Webstoffe haben eine potenziell höhere Festigkeit und Stabilität als andere Textilstrukturen.

Webstrukturen lassen sich nahezu unbegrenzt variieren, doch die meisten gewobenen technischen Textilien verwenden eine einfache Webstruktur. Zumeist wird die Leinwandbindung bevorzugt, bei der jeder Kettfaden abwechselnd über und unter einem Schussfaden zu liegen kommt. Ein Beispiel für eine ihrer zahlreichen Varianten ist das Drehergewebe, bei dem Kettfäden paarweise in einer Reihe von Achten verdreht werden und der Schuss durch die entstehenden Zwischenräume geführt wird. Die Schussfäden werden zwischen den verdrehten Kettfäden so gut festgehalten, dass hervorragende Eigenschaften entstehen. Strukturelle Überlegenheit wird auch mit dem dreiachsigen Weben erzielt, bei dem die Strukturelemente in drei Richtungen verlaufen.

Noch bis vor kurzem galt der von Joseph-Marie Jacquard im Jahr 1801 erfundene Jacquard-Webstuhl als eine der bedeutendsten Innovationen der Textilproduktion. Der mechanische Jacquard-Webstuhl arbeitete mit einem System aus Lochkarten und Haken, bei dem die Haken und Nadeln von den Löchern in der Lochkarte geleitet wurden. Komplizierte Muster und Strukturen wurden dank einer Folge von Karten verwirklicht, die nacheinander und/oder wiederholt verwendet wurden. Der Jacquard-Webstuhl war aufgrund seiner Fähigkeit, einen Algorithmus einzuhalten und Informationen auf Lochkarten zu speichern, der revolutionäre Vorläufer computergesteuerter Webstühle. Der erste elektronische Jacquard-Webstuhl kam 1983 auf den Markt; er ermöglichte eine nahezu unbegrenzte Vielfalt. Vor kurzem wurden dreidimensionale Webtechniken mit einer bidirektionalen Fachbildevorrichtung entwickelt. Die inhärente Flexibilität dieser Technologie ermöglicht das Experimentieren mit allen Arten von Fasern und Faserkombinationen, um massive Strukturen ebenso wie Schalen- und Hohlstukturen zu weben. Eine dieser Technologien ist das patentierte Verfahren Jacqform, das mit dem Jacquard-Webstuhl geschaffene Entwürfe in die Geometrie eines Produkts eingliedert und produkt- und teilespezifische Komponenten mit integrierten Nähten produziert (6.3).

6.3 —————————————————

Jacqform.

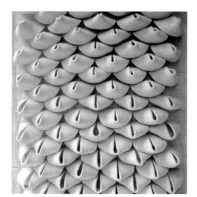

Die Textilien von Anne Kyyrö Quinn, die in Handarbeit zugeschnitten, genäht und endbearbeitet werden, verwandeln zweidimensionale Gewebe in dreidimensionale Oberflächenstrukturen.

A.H.I.T., A Hole in Textile (Textilie mit Loch), per Laser geschnittene Textilie von Camilla Diedrich.

OBERFLÄCHENBEHANDLUNG

Bei der Weiterentwicklung von Textilien zu technischen Textilien werden die Fortschritte in der Faserentwicklung durch wissenschaftliche und technologische Fortschritte ergänzt. Oberflächenbehandlungen können Textilien eine Vielzahl von Leistungsmerkmalen hinzufügen, wie z.B. verlängerte Haltbarkeit, wasserabweisende Eigenschaften, Schrumpffestigkeit, reduzierte Falten- und Knitterbildung, verringerte Schimmel-, Schmutz- und Fleckenanfälligkeit, Verhinderung elektrostatischer Aufladungen sowie Feuerbeständigkeit. Die Oberflächenbehandlungen von Textilien haben in den letzten Jahren ein immer größeres Gewicht bekommen, und sowohl Faser- als auch Gewebehersteller investieren hier in die Forschung und Entwicklung. Um breit gefächerte Entwürfe, Texturen und Leistungsmerkmale zu erzielen, werden Oberflächenbehandlungen immer vielfältiger und können in verschiedenen Phasen der Textilherstellung eingesetzt werden. Die Verfahren decken ein breites Spektrum ab: von den Hightech-Varianten bestehender Behandlungen bis hin zu Druck-, Präge-, Modellier- und Formgebungsverfahren. Die letztgenannte Entwicklung verwendet thermoplastische Ultra-Microfasern zur Schaffung von Hochreliefoberflächen oder dreidimensionalen Strukturen (6.4, 6.5).

Aufbauend auf dem im 19. Jahrhundert regelmäßig verwendeten „Stärken" ist das Eintauchen von Stoffen in verschiedene Lösungen heute ein geläufiger Prozess der Oberflächenbehandlung. Seit den 1990er Jahren werden Appreturmittel verwendet, um diverse Gewebeeigenschaften zu erzielen. Sie bieten von der Formaldehydbehandlung für faltenfreies Gewebe bis hin zu bioziden Oberflächenbehandlungen scheinbar grenzenlose Möglichkeiten. Eine andere Form der Oberflächenbehandlung ist das Laminieren mit einer sichtbaren oder auch unsichtbaren Polymermembran. Mit sichtbaren Laminaten aus Materialien, die Licht reflektieren oder brechen, können eindrucksvolle optische Wirkungen und sogar holografische oder dreidimensionale Effekte erzielt werden. Mit unsichtbaren Laminaten können Hochleistungsgewebe geschaffen werden, wie z. B. Gore-Tex, das eine zwar luft-, aber nicht feuchtigkeitsdurchlässige PTFE-Schicht verwendet.[1]

Mit der Entwicklung von feuerhemmenden Oberflächenbehandlungen, die mit den weltweiten Brandschutzklassifikationen konform sind, wurde für Anwendungen in Innenräumen ein Durchbruch erzielt. Textilien für Innenräume werden mit feuerhemmenden Lösungen getränkt, die primär aus Borsäure und Borax bestehen. Textilien für die Verwendung im Freien werden mit chloriertem Paraffin, chloriertem Kunstharz oder chloriertem Gummi getränkt. In einem ernsthaften Brandfall bieten sie jedoch nur einen geringen Schutz. Alternativ zu diesen Behandlungen nach der Herstellung können bestimmte Brandschutzklassen auch durch die Verwendung von feuerhemmenden Fasern und Garnen erzielt werden.

Allgemein lässt sich beobachten, dass Oberflächenbehandlungen mit Beschichtungen und Laminaten zugunsten einer Faserverbesserung auf der Nanoebene aufgegeben werden, mit der spezifische funktionale Anforderungen besser erfüllt werden können. Zusätzlich werden Gewebe entwickelt, deren Garne und Fäden während des Webprozesses mit schmutz-, wasser- und bakterienabweisenden Substanzen kombiniert werden.

Als Antwort auf den steigenden Bedarf nach umweltfreundlichen Textilien, die Ressourcen schonen und die Gesundheit nicht gefährden, werden Additive in einer Reihe von Laboratorien anhand verschiedener internationaler Normen und Standards getestet. Der Oeko-Tex-Standard begrenzt die Verwendung bestimmter Chemikalien in textilen Produkten. Der Bluesign-Standard stellt der gesamten textilen Produktionskette, von den Lieferanten der Rohstoffe und Komponenten bis zu den Herstellern, Vertreibern und Verbrauchern, ein zuverlässiges und proaktives Werkzeug zur Verfügung. Weitere Zertifizierungen sind die Intertek-Eco-Bescheinigung, das GOTS (Global Organic Textile Standard)-Qualitätszeichen und die WRAP (Worldwide Responsible Apparel Production Principles)-Zertifizierung.

ANWENDUNGEN IN INNENRÄUMEN

Die beschriebenen Entwicklungen bei Fasern und Oberflächenbehandlungen führten zu verbesserten Eigenschaften von Textilien, die wiederum deren Funktionsspektrum in Innenräumen erweiterten. Schlüsseleigenschaften wie Belastbarkeit, verbesserte akustische Eigenschaften, UV-Beständigkeit und Lichtsteuerung führten zur Erschließung neuer Anwendungsbereiche.

FESTIGKEIT

Erhöhte Festigkeit war ein zentraler Faktor der Transformation von Textilien zu technischen Textilien. Letztere können nunmehr Tragfunktionen haben, wobei sowohl die Gewebemembran als auch die Unterkonstruktion Lasten aufnehmen. Bautechnische Textilien bestehen aus Gewebe, das durch eine beidseitig aufgebrachte Beschichtung stabilisiert und geschützt wird, die die Faser festigt und ihr Elastizität verleiht. Für Anwendungen in Innenräumen werden vor allem laminiertes oder mit PVC beschichtetes Polyester, Glasfasergewebe mit Silikonbeschichtung und Glasfasergewebe mit PVC- oder PTFE-Beschichtung verwendet. Bautechnische Textilien weisen in der Regel je nach Art eine Zugfestigkeit von 300 bis 1.100 daN/5cm auf. Sie können vorgespannt oder von der Luft getragen werden und sind für die Lastverteilung doppelt gekrümmt.

Vorgespannte Formen verfügen über die erforderliche bautechnische Stabilität, um Trennwände, Raumteiler oder Decken, aber auch ganze Räume zu bilden. So fungiert beispielsweise ein kontinuierliches, gekrümmtes Lycra-Stoffband mit Brandschutzauflagen in der J.S. Bach Chamber Music Hall als Wand, Raumteiler, Handlauf, Decke und akustischer Reflektor. Es verbessert die Akustik und bildet die verschiedenen Konzertsaalbereiche (6.6).

J.S. Bach Chamber Music
Hall, Manchester, Groß-
britannien, von Zaha
Hadid Architects.

In der Jugendherberge
MiNO von Antonio Ravalli
Architetti in Migliarino,
Italien, dienen vorge-
spannte Strukturen als
Schlafkokons.

Strukturen, die aus einer um ein Tragwerk gespannten Textilie bestehen, sind selbsttra-
gend und in vielen Fällen freistehend (6.7).

Als stark vorgespannte Membranen sind sie in ihren Formen nicht auf das Vokabular
orthogonaler Komponenten beschränkt, sondern sie können auch komplizierte Krümmungen und unkonventionelle Formen annehmen. Komplexe Formen werden mit dreidimensionalen rechnergestützten Modelling-Techniken erzielt, die die mit maximal zulässigen
Lasten straff gespannten Gewebe einer Reihe zugeordneter Beanspruchungen aussetzen
(6.8, 6.9).

Die Seminarräume Cloud
Pod und Spiky Pod der
Queen Mary Hospital
School of Medicine &
Dentistry in London,
Großbritannien, sind
Beispiele für komplexe
vorgespannte Formen
von Will Alsop.

Pneumatische bzw. Tragluftkonstruktionen werden aus luftgefüllten Membranen gebildet und wurden ursprünglich für Hochleistungsanwendungen außerhalb der Baubranche
entwickelt, z. B. für Schlauchboote für das Militär oder Airbags für Fahrzeuge. Bei diesen
vorgespannten Strukturen erzwingt ein konstanter Luftdruck die doppelt gekrümmten
Flächen. Aufgrund des durch die Luft ausgeübten starken Drucks und der extremen Beanspruchung der Membrannähte erfordern diese Strukturen Gewebe aus verstärkten Fasern.
Die aus luftdichten Textilien gefertigten Strukturen können als eigenständige Elemente in
Innenräumen, wie z. B. Messepavillons oder Bürokabinen, dienen (6.10).

Als Büronischen ver-
wendete aufblasbare
Raumelemente: „Office
in a Bucket" von Inflate
Design.

Bei Formen, die wie ein Airbag aus einer einzelnen Membranschicht bestehen, dient die
Luft als Teil des Tragwerks (6.11). Pneumatische Konstruktionen sind in der Regel leicht-
gewichtig und beanspruchen für die Herstellung und den Transport weniger Energie als
konventionelle Konstruktionen. Sie eignen sich für anpassbare, wiederzuverwendende
Lösungen, wo sie als Leichtbauräume problemlos in die Infrastruktur eines noch zu ergänzenden Gebäudes eingefügt werden können (6.12).

Beim aufblasbaren
Sitzungsraum Cloud von
Monica Förster ist die
Luft Teil des Tragwerks.

Die von Paul Kaloustian
entworfene MYU Bar
befindet sich in einer
ehemaligen Likörfabrik in
Beirut, Libanon.

AKUSTIK

Aufgrund ihrer intrinsischen Absorptionseigenschaften wurden Gewebe in dichten Schichten traditionell für akustische Zwecke verwendet. Neuere Arbeiten zur Gestaltung schalldämmender Oberflächen gehen über die konventionellen Ansätze hinaus. Hierbei werden nicht nur neue Materialien verwendet, auch der Einsatz traditioneller Materialien wird neu durchdacht. So wird die traditionell auf flachen Schallschutzplatten zweidimensional aufgebrachte Wolle nun zur Gestaltung extrem schalldämmender dreidimensionaler Oberflächen eingesetzt (6.13, 6.14).

6.13, 6.14 —

Anne Kyyrö Quinns Schallschutzwand im Büro von Bovis Lend Lease in London, Großbritannien.

Schallschutzdecke aus Wolle, entworfen von Hodgetts and Fung Architects für das SCI-Arc Auditorium in Los Angeles, USA.

Ein weiterer innovativer Ansatz der Schalldämmung verwendet neue Textilien, die sich durch ihre Dicke von den traditionellen Textilien unterscheiden. Wurde für diese Anwendung früher Masse benötigt (traditionelle Stoff-Schallschutzplatten sind 25 bis 50 mm dick), so können neue Textilien aus synthetischen Fasern und mit Beschichtungen höhere Schalldämmniveaus mit Dicken von nur 0,18 mm erzielen. Diese hochfesten schwer entflammbaren Polyestergewebe mit PVC-Beschichtung sind perforiert. Das mikroperforierte Schallschutzmaterial schluckt den Schall und die Mikroperforationen verwandeln die Schallenergie in Wärme. Die Strömungsreibung der durch die Perforation strömenden Luft wird durch die Resonanz in dem zwischen Schallschutzmaterial und Rückwand gefangenen Luftvolumen verstärkt, wodurch eindrucksvolle Schallschutzeigenschaften entstehen. Die Textilien werden außerdem häufig in optimalen Winkeln unter Decken und an Wänden gespannt. Die Absorptionswerte unterscheiden sich nach je Gewebetyp sowie nach Tiefe und Inhalt des ausgefüllten Raumes hinter dem Gewebe.

Steife technische Textilien aus dichtem Gewebe mit Teflon- oder Vinylbeschichtungen können auch als Flächen fungieren, die den Schall reflektieren und seine Verteilung in einem Raum optimieren. Die Krümmungen der vorgespannten Strukturen ermöglichen unendliche Variationen für Strategien der Schallreflexion (6.15).

6.15 —

Decke aus Nomex-Gewebe im Experimental Media and Performing Arts Center (EMPAC) des Rensselaer Polytechnic Institute in Troy, USA, entworfen von Nicholas Grimshaw.

UV-BESTÄNDIGKEIT/LICHTSTEUERUNG

Moderne synthetische Textilien bieten aufgrund ihres Solartransmissions-, Reflexions- und Absorptionsvermögens besondere Sonnenschutzeigenschaften. In diesem Anwendungsbereich werden in der Regel beschichtetes Glasfasergewebe und beschichtete Glasarmierungsgitter verwendet, wobei das Glasfasergarn entweder als Strang oder als Gewebe mit Vinyl (PVC) beschichtet wird. Das Verbundgewebe bietet auch bei extremen Temperaturen, Witterungsbedingungen und UV-Strahlen Festigkeit und Stabilität. Daraus hergestellte Screens, Rollos und andere Verschattungsvorrichtungen können bis zu 90 %[2] der einfallenden UV-Strahlen filtern und im Winter Wärmeverluste verhindern. Sonnenschutzvorrichtungen werden häufig für Innenräume mit großen Glasfassaden und Oberlichtern eingesetzt (6.16).

6.16

Dieses Sonnennachführsystem der Versicherungsgesellschaft Jardine in London, Großbritannien, wurde um ein integriertes intelligentes Betriebssystem erweitert, das es ihm ermöglicht, der Bewegung der Sonne zu folgen.

Die Lichtsteuerung wird durch die optischen Werte des Gewebes, wie z. B. den Öffnungsfaktor, bestimmt, der abhängig vom Prozentanteil der Öffnungen im Gewebe ist. Der Transmissionsgrad für sichtbares Licht wird außerdem durch die Farbe und das Reflexionsvermögen des Gewebes beeinflusst. Über verschiedene Kombinationen dieser Merkmale kann der Designer die Lichtstärke steuern und die gewünschte Wirkung für jeden Innenraum und dessen vorgesehene Verwendung erzielen (6.17, 6.18).

6.17, 6.18

Eine gekrümmte lichtdurchlässige Membrandecke ermöglicht einen diffusen Lichteinfall für eine meditative Atmosphäre in der Kirche St. Franziskus in Regensburg-Burgweinting, Deutschland.

Lichtdurchlässige Membran-Deckenplatten liefern ein homogenes weißes Licht im Museum Brandhorst in München, Deutschland.

Die Lichtsteuerungsfunktion einer Textilie erstreckt sich über den Bereich der natürlichen Beleuchtung hinaus auch auf die künstliche Beleuchtung und die zugehörigen Beleuchtungskörper. Textile Decken können viele Beleuchtungstypen aufnehmen. Während sich konventionelle Glühlampenarmaturen und Leuchtstoffröhren für normale Decken eignen, können Glasfasersysteme und LEDs über den Textilien angebracht oder für Spezialeffekte und die Variation der Farben sogar in diese eingebettet werden (6.19). Freistehende Formen mit einer textilen Hülle, die eine Lichtquelle enthalten, können als Beleuchtungskörper und mit einem zusätzlichen grafischen Aufdruck auch als Beschilderung dienen.

Der Meeresboden wird auf die textile Decke projiziert und diese dadurch beleuchtet. Besucherzentrum des zu den Balearen gehörenden Cabrera-Nationalparks, Spanien, von Álvaro Planchuelo.

POTENZIAL FÜR DIE ZUKUNFT

Das zunehmende Leistungsspektrum von Textilien hat zu originellen Ansätzen ihrer Verwendung in Innenräumen inspiriert. Die hohe Festigkeit und das geringe Gewicht neuer synthetischer Materialien, wie z.B. Carbonfasern, haben zahlreiche neue Verwendungen bei der Herstellung von Möbeln (6.20) bis hin zu Raumteilern hervorgebracht. Auch wenn diese Innovationslust von der Suche nach dem Neuen inspiriert ist, schließt sie durch das Überdenken bekannter Verwendungen und Verfahren auch Althergebrachtes mit ein. Einfache Verbindungsdetails oder Hightech-Formverfahren verwandeln das herkömmliche Stück Stoff in ein dreidimensionales Objekt und schaffen Innenraumelemente mit vielfältigen und einzigartigen Strukturen (6.21, 6.23).

6.20

Innovative Verwendung von Carbonfasern in Innenräumen, für Stühle oder Wände.

6.21

Dreidimensionale weiche Formen, die aus zusammengefügten textilen Modulen entstehen, im Kvadrat-Showroom in Kopenhagen, Dänemark.

Schalldämmende Bausteine aus Schaumstoff und Textil, die sich z.B. zu Wänden zusammensetzen lassen, im Kvadrat-Showroom in Stockholm, Schweden.

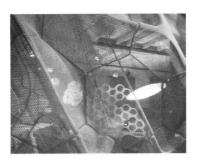

Dreidimensional geformte, leichtgewichtige Wabenmodule, die sich zu Wänden und Screens verbinden lassen.

Die technologischen Fortschritte der letzten Jahrzehnte des 20. Jahrhunderts haben die natürlichen Eigenschaften von Geweben verbessert und die Herstellung von Textilien ermöglicht, die in hohem Maße den spezifischen Planungsanforderungen heutiger innovativer Innenräume entsprechen. Die Rolle der Technologie hat sich seit Beginn des 21. Jahrhunderts gewandelt: Wurde sie früher als Werkzeug betrachtet, so wird sie jetzt in die Gestaltung integriert und Teil des Designs. „Fasern, Gewebe und textile Techniken werden direkt in die Technologie integriert"[3] und liefern Oberflächen, die nicht nur einer Anforderung genügen. Textilien sind neuerdings multifunktional. Mit dieser Verwischung der Grenzen, insbesondere zwischen Textilie, Produktgestaltung und Innenarchitektur, eröffnet sich den technischen Textilien eine neue Zukunft.

Dieser Trend nahm in den späten 1990er Jahren in der Modeindustrie mit der Integration von Geräten – Kameras, Mikrofonen und Lautsprechern – in Kleidungsstücke seinen Anfang. Derart ausgestattete Textilien boten dem Träger eine manuelle Schnittstelle zu einem Informationsportal. Sie standen am Anfang einer ganz neuen Kategorie von Textilien, den elektronischen Textilien oder e-Textilien. Für leitfähige Fasern und Textilien gibt es nicht nur beim Militär und in der Medizin, sondern auch im Ingenieurwesen und in der Architektur wichtige Anwendungen. Fasern und Garnen werden bei der Herstellung verschiedene Carbonarten oder Metalle hinzugefügt, die den Textilien letztlich elektrische Eigenschaften verleihen. Die Arbeit mit sehr kleinen Einheiten (Nanofasern) ermöglicht die Herstellung von Fasern mit speziellen Leistungsmerkmalen, die von Farbechtheit bis zu erhöhter Feuchtigkeitsbeständigkeit reichen.

Neuere Entwicklungen haben auch zur Schaffung von Oberflächen mit einer Nanobeschichtung aus „vielseitigen Molekülen geführt, die das Gewebe in die Lage versetzen, einen breiten Bereich von Bedingungen wahrzunehmen und darauf zu reagieren".[4] Die Nanotechnologie verlegt die Oberflächenbehandlung auf die Molekularebene, indem sie Nanopartikel dauerhaft mit einzelnen Fasern verbindet. Das ermöglicht Herstellern, die Funktionalität von Geweben zu verbessern und mit weniger Additiven eindrucksvolle Leistungsmerkmale zu erzielen, ohne dabei die Qualität eines Gewebes zu beeinträchtigen. Die Ergebnisse, die Forschungen zum Verhalten von Nanopartikeln hervorbringen, haben das Potenzial der Oberflächenbehandlung von Geweben erweitert und ermöglichen neuerdings die Herstellung von Textilien, die knitterfrei sind oder die Wasser, Schmutz und sogar Bakterien oder Pilze abweisen.

Weil sie über weitergegebene Impulse wahrnehmungs- und reaktionsfähig wurden, können Textilien heutzutage Licht abstrahlen, auf Berührungen oder Wärme reagieren und mit Technik interagieren. Diese e-Textilien haben die Möglichkeiten technischer Textilien stark erweitert. Auch wenn sie sich in vielen Fällen noch im Entwicklungs- oder Prototypenstadium befinden, sind sie, insbesondere für den Innenbereich, Vorboten zukunftsweisender Innovationen mit neuen Funktionen, die aus den scheinbar grenzenlosen Möglichkeiten der Faserentwicklung hervorgehen werden.

Überaus starke Fasern, z. B. aus Nickel oder Silber, hitzebeständige Para-Aramide oder plattiertes Metall ergeben Textilien, die kugelsicher (Kevlar) oder reißfest (Polyment) sind und Hundebissen standhalten (Twaron) und daher in Hochsicherheitsbereichen oder stark beanspruchten Umgebungen Anwendung finden. In ein Gewebe verwobene Glasfasern sind in der Lage, Töne zu erkennen und zu produzieren, und erweitern deren Anwendungsbereiche weit über Schalldämmung oder Klangoptimierung hinaus. Mit mikroskopisch kleinen Glaskügelchen verwobene Reflextextilien können auch in wenig beleuchteten Umgebungen Licht reflektieren und finden daher Anwendung in fensterlosen oder schwach beleuchteten Räumen. Mit Lichtleitern, farbigen LEDs und Elektrolumineszenzdrähten verwobene Textilien sind in der Lage, Licht abzugeben oder sogar zu produzieren. Sie werden üblicherweise für lichtemittierende Wandbehänge (6.24) oder leuchtende Schonbezüge für Möbel (6.25), für Licht produzierende Lichtleitertapeten (6.26) oder mit LEDs verwobene Textilien verwendet, die digitales Bildmaterial und Farbe integrieren.

6.24, 6.25

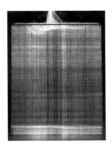

Astrid Kroghs aus Licht-
leitern gewobene elek-
tronische Textilien sind
in der Lage, ständig die
Farbe zu wechseln.

Schonbezüge aus
lichtabstrahlenden
Luminex-Textilien.

6.26

Leuchtende Tapete mit
Lichtleitern, entworfen
von Camilla Diedrich.

Berührung aktiviert die farbverändernden Eigenschaften der Platten, so dass der Benutzer eine Spur hinterlässt.

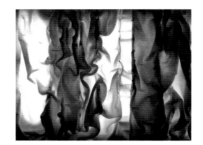

Slow Furl ist eine von Ramsgard Thomsen & Bech entwickelte reaktive Textilinstallation, die auf die Bewegungen des Raumnutzers reagiert.

Die Leistungsfähigkeit dieser künftigen Textilien bedeutet Multifunktionalität im weiteren Sinne. Anwendungsbereiche beziehen sich nicht länger nur auf räumliche Aspekte, sondern reichen von emotionalen Motivationen bis zur medizinischen Diagnose und von der Überwachung bis zur Energieproduktion. Technische Textilien haben die Fähigkeit, Informationen zu erfassen, und können auch die Erfahrungen des Menschen in Innenräumen greifbar machen. Beispielsweise ermöglichen wärmeempfindliche Gewebe mit Kristallen, die die Farbe ändern, eine Interaktion zwischen Nutzer und Textilie, die vielfältige Sinneserfahrungen mit Innenraumelementen wie Wänden und Möbeln generiert (6.27). Pioniere im Bereich der Robotermembranen experimentieren mit in die Textilien eingebetteten Informationstechnologien und digitalen Systemen, die sich als Reaktion auf die menschliche Anwesenheit bewegen, öffnen und schließen lassen oder fließen können (6.28).

Bestimmte interaktive Erfahrungen, die diese neuartigen Textilien ermöglichen, sorgen gar für eine Verbesserung menschlicher Lebensbedingungen. Gewebe mit einer Beschichtung aus Nanosilber auf Nylongarn oder in Kombination mit Titandioxid ergeben antimikrobielle Textilien, die selbstreinigend sowie schmutz- und geruchsabweisend sind und somit Einfluss auf die allgemeine Gesundheit nehmen können. Gewebe mit elektronischen Modulen und Elektroden dienen der Diagnose, wobei die Textilien in der Lage sind, Vitalfunktionen zu messen und diese Daten an Funkgeräte, Telefone oder das Internet zu übertragen. Gewebe mit sensorischen Zilienfasern, in welche Funkmodule und Näherungssensoren integriert sind, können Bewegungen verfolgen. Beim Einsatz in Krankenhäusern oder Einrichtungen des betreuten Wohnens können solche Textilien Leben retten (6.29).

Sens Floor© von der Future-Shape GmbH ist ein Bodenbelag, der durch den Einsatz von Mikroelektronik, Sensoren und Funkmodulen eine intelligente Mustererkennung ermöglicht, die die Anwesenheit, die Anzahl und die Bewegungen von Personen erfasst.

Die aktuellen Entwicklungen und das zukünftige Potenzial technischer Textilien haben einen großen Einfluss auf die Gestaltung von Innenräumen und darüber hinaus. Im großen Konzertsaal der Casa da Música in Porto wurde eine einzigartige akustische Gestaltungsaufgabe zum Teil durch überlagerte Vorhänge gelöst. Neben dem akustischen gibt es dort einen Verdunklungsvorhang, einen transparenten, die Sonne reflektierenden Schleier und einen „Sichtfilter" aus verknoteten Tüchern, die auf ein Netz aufgezogen wurden. Die Vorhänge von Petra Blaisse sind mittlerweile synonym für das Gebäude geworden, das wegen seiner funktionalen und seiner poetischen Wirkung berühmt ist (6.30).

Blaisse merkt an, dass das Konzept des Vorhangs „… die Architektur beeinflusst hat".[5] Das lässt sich auch in neueren Forschungen feststellen, die die künftigen Möglichkeiten technischer Textilien in Verbindung mit ausgefallenen Schnittstellen sehen. Eines dieser Projekte entwickelt das Konzept des Vorhangs weiter, indem es die Fassade eines Gebäudes durch einen Vorhang aus einer technischen Textilie ersetzt, der die Sonnenenergie nutzt. Hier zeigt sich die grundlegende Wandlung der Textilien von der uralten Verwendung als Behang für dekorative Zwecke hin zu der ausgesprochen funktionalen Rolle einer künftigen Energiequelle. Für die Rolle technischer Textilien in Innenräumen zeichnen sich neue Entwicklungen ab.

6.30

Die überlagerten Vorhänge von Petra Blaisse im großen Konzertsaal der Casa da Música von OMA in Porto, Portugal.

Ich danke meiner wissenschaftlichen Assistentin Patricia Lomando für ihre Mitarbeit.

1   Braddock Clarke, S. und O'Mahony, M.: *Techno Textiles 2: Revolutionary Fabrics for Fashion and Design*, London: Thames and Hudson, 2007.

2   Produkte wie der E-Screen von Mermet erreichen bis zu 90 %, während die PVC-/PES-Membran von Koch bis zu 75 % erzielt.

3   Quinn, B.: *Textile Futures: Fashion, Design and Technology*, New York: Berg Publishing, 2010, S. 5.

4   Ibid., S. 70.

5   McGuirk, J. und Blaisse, P.: ICONEYE Icon Magazine Online, ICON 038, August 2006.

ROLF H. LUCHSINGER

TENSAIRITY: DIE NEUE TRAGSTRUKTUR IM LEICHTBAU

EINLEITUNG

Technische Textilien werden in der Architektur und im Bauwesen seit vielen Jahrzehnten verwendet. Mit der Verwirklichung großer Gebäude mit Dachstrukturen und Verkleidungen aus Hightech-Geweben haben technische Textilien größere Bedeutung erhalten und werden des Öfteren nach Stein, Holz, Stahl, Beton und Glas als sechstes Baumaterial genannt. Ein Grund für die Verwendung von Textilien in großen Bauwerken ist ihr geringes Gewicht. Gewebe nehmen ausschließlich Zug auf, und Zug ist die effizienteste Art einer Struktur, Lasten zu tragen. Der breit gefächerte Einsatz technischer Textilien in der Architektur und im Bauwesen wurde vor allem durch die gleichzeitige Verbesserung von Eigenschaften des Fasermaterials und der Berechnungsmethoden ermöglicht. Schließlich ist der Preis für die Gewichteinsparung durch eine Gewebestruktur ein komplexeres Entwurfs- und Konstruktionsverfahren, das auf die Leistungen moderner Computer angewiesen ist. Unter den textilen Konstruktionen haben pneumatische Strukturen immer eine besondere Rolle gespielt.[1-3] Sie werden als Hallen („Air-Houses") zur jahreszeitlichen Überdachung, z. B. von Tennisplätzen (7.1), oder als Balken für spezielle Anwendungen eingesetzt. Diese sogenannten Luftbalken haben, z. B. als Zelte (7.2) oder als Werbeträger (7.3), Marktnischen gefunden. Die Firma Festo präsentierte 1996 eine „Airecture" genannte Ausstellungshalle mit einer Tragstruktur aus Luftbalken.[4] Diese temporären Anwendungen nutzen die hervorstechendsten Eigenschaften pneumatischer Strukturen, wie das geringe Transport- und Lagervolumen, den schnellen und einfachen Aufbau und das geringe Gewicht. Dennoch bleibt die potenzielle Anwendung von Luftbalken in Architektur und Bauwesen vor allem aufgrund ihrer geringen Tragfähigkeit sehr begrenzt. Der Stoff des Luftbalkens kann

„Air-House" als Beispiel einer von Luft getragenen Struktur. Das gesamte Volumen ist mit Luft unter sehr niedrigem Druck gefüllt.

Luftbalken als primäres Strukturelement kleiner Zelte.

Luftbalken als primäres Strukturelement für Werbezwecke.

nur Druckkräfte bis zum Niveau seiner vom Luftdruck bedingten Vorspannung aufnehmen. Aber selbst ein relativ hoher Luftdruck von 1 bar (10^5 N/m^2) ist noch um ein Tausendfaches kleiner als die Streckgrenze eines Metalls, wie z. B. Stahl. Luftbalken gehören daher zu einer anderen Belastungs- und Durchbiegungskategorie als konventionelle Strukturen und lassen sich nur einsetzen, wenn auch bei geringen Belastungen starke Verformungen toleriert werden können. Es ist verlockend, die Tragfähigkeit von Luftbalken durch einen sehr hohen Luftdruck zu erhöhen. Jedoch bewirkt ein hoher Luftdruck starke Zugspannungen in der Gewebestruktur, denen nur kostspielige Fasern mit hoher Zugfestigkeit standhalten können. Außerdem nimmt die im Balken gespeicherte Energie zu und zieht ernste Probleme für Sicherheit und Luftdichte nach sich. Luftbalken mit starkem Überdruck eignen sich daher nur für spezifische Anwendungen, wie z. B. Armeezelte[5], und sind keine sinnvolle Lösung für die zivile Architektur.

Ziel des neuen Tragkonzepts Tensairity[6] ist die Überwindung der mangelnden Belastbarkeit von Luftbalken, um aufblasbare Strukturen als Primärstrukturen in der Architektur und im Bauwesen einsetzen zu können. Der vorliegende Beitrag gibt einen Überblick über diese Technologie. Vorgestellt werden das Grundkonzept von Tensairity und die neuesten Ergebnisse der laufenden Forschungsarbeiten. Erste Anwendungen, z. B. die Parkhausüberdachung in Montreux, werden beschrieben, und es werden Schlussfolgerungen aus dem aktuellen Stand der Technik gezogen.

TECHNOLOGIE

Das Grundkonzept von Tensairity beruht auf der Erhöhung der Steifigkeit eines Luftbalkens durch die Integration von Seilen und Stäben. Der Ausgangsbalken besteht aus einem zylinderförmiger Luftbalken, einem eng mit dem Luftbalken verbundenen Druckstab und zwei spiralförmig um den Luftbalken gewickelten Zugseilen, die an jedem Ende am Druckstab befestigt sind (7.4). Die Druck- und Zugkräfte unter Biegebelastung werden vom Stab und den Seilen aufgenommen. Der Luftbalken ermöglicht die Lastübertragung zwischen Druck- und Zugelementen und stabilisiert das Druckelement gegen Knicken.

7.4

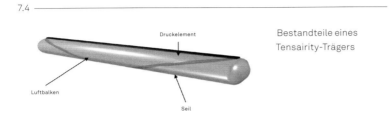

Bestandteile eines
Tensairity-Trägers

Zur Dimensionierung der Hülle sowie der Druck- und Zugelemente eines Tensairity-Trägers unter Biegebelastung wurden einfache analytische Ausdrücke entwickelt. Zu den grundlegenden Prinzipien der Tensairity-Struktur gehört, dass das Biegemoment für eine gegebene angewendete Last die Bestimmung der Kräfte in den Druck- und Zugelementen ermöglicht.[7] Für eine gleichmäßig verteilte Last q wird die Kraft im Zugelement T wie folgt ermittelt:

$$T = \frac{q \cdot L \cdot \gamma}{8} \qquad (1)$$

Dabei steht L für die Spannweite und γ für die Schlankheit des Trägers, definiert als Verhältnis von Spannweite und Durchmesser. Da die Seile mit dem Druckelement verbunden sind, werden die Zugkräfte an das Druckelement übertragen. Also muss Knicken einkalkuliert werden. Das Druckelement ist fest mit der Hülle des Luftbalkens verbunden, den man als elastisches Fundament des Druckelements verstehen kann; das Modul des elastischen Fundaments ist abhängig vom Luftdruck. Eine einfache Schätzung der Knicklast erhält man wie folgt:

$$P = 2 \cdot \sqrt{\pi \cdot p \cdot E \cdot I} \qquad (2)$$

Dabei steht p für den Luftdruck und $E \cdot I$ für die Biegesteifigkeit des Druckelements. Folglich kann für einen gegebenen Druck die Biegesteifigkeit des Druckelements so festgelegt werden, dass der Knickwiderstand höher ist als die von den Seilen übertragene Drucklast (Gleichung 1). Typische Luftdruckwerte für Tensairity-Träger mit verteilten Lasten liegen bei 100 mbar.

Eigenschaften der
synergetischen Struktur
Tensairity

Tensairity

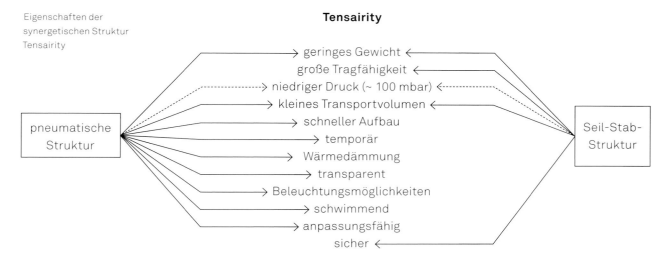

Die Umfangsspannung in der Hülle des Luftbalkens n erhält man mit:

$$n = p \cdot R \qquad (3)$$

Dabei steht R für den Radius der Hülle; für eine gute Annäherung ist n unabhängig von der angewendeten Last.

Die Gleichungen 1–3 ermöglichen eine erste Dimensionierung des Druck- und des Zugelements sowie der Hülle eines Tensairity-Trägers, und sie haben sich für die vielen in den letzten Jahren errichteten Tragwerke als zuverlässig erwiesen.

Es wurden auch andere als zylindrische Formen für Tensairity-Träger ins Auge gefasst. Als man feststellte, dass die Spindelform in der Regel steifere Strukturen ermöglicht,[8,9] löste sie den Zylinder als häufigste Form ab. Eine andere wichtige Erkenntnis war, dass der Luftdruck von der Last pro Fläche bestimmt wird und unabhängig von Spannweite und Schlankheit der Tensairity-Struktur ist, was für Strukturen mit einer hohen Spannweite besonders interessant ist. Der Name Tensairity ist aus den Wörtern *tension* (Spannung), *air* (Luft) und *integrity* (Zusammenhalt), bzw. *tensegrity* und *air*, abgeleitet.[10]

Die Verknüpfung von Elastizität und Steifigkeit, von Schwäche und Stärke, im Tensairity-Konzept führt zu einer Vielzahl interessanter Eigenschaften (7.5). Jede Eigenschaft kann mit der zugrundeliegenden Luftbalken- oder Seil-Stab-Struktur in Beziehung gesetzt werden. Geringes Gewicht und Transportvolumen sind Eigenschaften der pneumatischen Struktur und der Seil-Stab-Struktur. Die Fähigkeit, schwere Lasten aufzunehmen, wird von der Seil-Stab-Struktur sichergestellt, während der schnelle Aufbau, der temporäre Charakter, die Wärmedämmung, die Beleuchtungsmöglichkeiten, die Schwimmfähigkeit und die Anpassungsfähigkeit auf die pneumatische Struktur zurückgehen. Der niedrige Luftdruck ist eine Eigenschaft, die aus der Kombination der beiden Strukturen hervorgeht. Die Summe aller Eigenschaften macht die Einzigartigkeit von Tensairity aus, und ideale Anwendungen nutzen immer mehrere Eigenschaften auf einmal. Bisher wurden einige dauerhafte Tensairity-Strukturen, wie z. B. Dachstrukturen und eine Brücke (siehe Abschnitt „Realisierte Tragstrukturen" in diesem Kapitel), errichtet. Tensairity eignet sich aufgrund des geringen Gewichts und Transportvolumens, des schnellen und einfachen Aufbaus und der hohen Tragfähigkeit auch sehr gut für temporäre Anwendungen.

Biaxiale Zugmaschine
der EMPA zur Bestim-
mung der mechanischen
Eigenschaften von
Geweben

FORSCHUNG UND ENTWICKLUNG

Da für Tensairity Materialien und Komponenten mit ganz verschiedenen Eigenschaften (niedriger Luftdruck, Gewebehüllen, Seile und Stäbe) kombiniert werden, entsteht ein komplexes bautechnisches System. Die Gleichzeitigkeit von Forschung und Entwicklung war unerlässlich für das Verständnis des bautechnischen Verhaltens, der Stärken und Grenzen des Konzepts sowie für die weitere Verbesserung des Systems. Da letztendlich die breite Verwendung und Anwendung der Technologie durch Ingenieure angestrebt wird, ist es wichtig, einfache Formeln für den schnellen Vorentwurf von Tensairity-Strukturen, für digitale Berechnungsmethoden und Anwendungsrichtlinien zu finden. Zu diesem Zweck wurden spindelförmige Träger unter lokalen Biegebelastungen[9.11] und verteilten Belastungen[9.12] auf einem Prüfstand untersucht (7.7). Die Untersuchung von Tensairity-Säulen unter Axialdruck (7.8) ergab, dass ihre Steifigkeit und Tragfähigkeit mit einer konventionellen Balkenstruktur vergleichbar sind.[13.14] Ein analytisches Modell mit einem kreisförmigen Bogen, der von einem elastischen Fundament getragen wird, konnte die axiale Steifigkeit der Säule vorhersagen, obwohl es noch kein analytisches Modell zur Bestimmung der Knicklast gibt.

Auch wenn man sich einigen grundlegenden Merkmalen von Tensairity-Strukturen mit einfachen analytischen Modellen annähern kann, erfordert die Untersuchung des detaillierten strukturellen Verhaltens die Verwendung digitaler Methoden. Dafür haben sich Berechnungen der Finite-Elemente-Methode (FEM) bewährt.[8] FEM-Prognosen wurden mit experimentellen Ergebnissen für einen spindelförmigen Träger unter Biegebelastung verglichen.[9.11] Die Kräfte im Druck- und Zugelement und die Verschiebung des Druckelements wurden präzise bestimmt; jedoch lag die Prognose der Durchbiegung auf der Zugseite deutlich unter dem gemessenen Wert. Diese Abweichung wurde auf eine zu große Vereinfachung bei der Modellierung des Materials der Gewebehülle zurückgeführt. Der Einfachheit halber wurde es als linear isotrop modelliert, obwohl sich Gewebe in Wirklichkeit in nicht-linearer orthotroper Weise verhalten. Um das Elastizitätsmodul, die Poissonzahl und das Schubmodul zu messen, müssen Zugversuche mit verschiedenen Lastannahmen durchgeführt werden. Solche biaxialen Versuche laufen derzeit für Polyestergewebe mit PVC-Beschichtung auf einer speziell angefertigten und vor kurzem im Zentrum für Synergetische Strukturen der EMPA (Eidgenössische Materialprüfungs- und Forschungsanstalt) installierten Maschine (7.6). Um bessere Einschätzungen der Gewebeeigenschaften für die FEM-Modellierung zu erzielen, wurde ein einfaches und rechnerisch effizientes nicht-lineares orthotropes Gewebemodell entwickelt.[15] Das Hauptziel dieser Forschungsreihe ist die Erforschung der Rolle des Gewebes in Tensairity-Strukturen.

Prüfstand der EMPA für
die Untersuchung spin-
delförmiger Tensairity-
Balken unter Biegebe-
lastung.

Prüfstand der EMPA für
die Untersuchung der
axialen Steifigkeit von
Tensairity-Säulen.

Neben der Forschung ist die Weiterentwicklung der neuen Technologie eine wichtige Aufgabe des Zentrums für Synergetische Strukturen. Zur Veranschaulichung der Möglichkeiten von Tensairity für temporäre Anwendungen wurde vor kurzem für Demonstrationszwecke eine Brücke mit einer Spannweite von 8 m errichtet und im Fernsehen vorgestellt.[9.16] Die beiden Träger der Brücke waren so kompakt (7.9), dass sie im Kofferraum eines Pkws verstaut werden konnten. Jeder Träger wog weniger als 70 kg und wurde von zwei Personen in weniger als 30 Minuten zusammengebaut, dann an die vorgesehene Stelle getragen und positioniert. Zum Schluss fuhr der Pkw über die Brücke (7.10), womit die vier wichtigsten Eigenschaften von Tensairity auf elegante Weise demonstriert wurden: Kompaktheit, schneller und einfacher Aufbau, geringes Gewicht und hohe Tragfähigkeit.

Eine weitere Entwicklung war ein transparenter Tensairity-Träger (7.11). Da die derzeit verfügbaren transparenten Folien eine begrenzte Zugfestigkeit haben, wurde ein Seilnetz verwendet, um die aus dem Luftdruck resultierende Zugspannung zu reduzieren. Die Seile des Netzes sind so dünn, dass die Transparenz der Struktur nicht beeinträchtigt wird. Die relative Steifigkeit des Seils und die Transparenz des Gewebes verleihen der Oberfläche der Struktur einen ansprechenden Luftpolsterfolieneffekt. Interessanterweise ist die Stabilisierung solcher gleichförmiger Netzkonfigurationen auch häufig in der Natur zu finden, was die Struktur organisch aussehen lässt. Diese besondere Oberflächenstruktur wurde auch für den Prototyp einer aufblasbaren Lampe verwendet (7.12). In einem weiteren Projekt werden in Zusammenarbeit mit der Vrije Universiteit in Brüssel Tensairity-Strukturen untersucht, die sich entfalten.[17] Ziel ist die Entwicklung von Tensairity-Strukturen, die sich wie konventionelle pneumatische Strukturen aufblasen lassen und nicht zusammengebaut werden müssen. Das Potenzial von Tensairity für aufblasbare Flügelstrukturen wird ebenfalls untersucht.[18]

7.9

Zerlegter einzelner Träger der Pkw-Testbrücke mit einer Spannweite von 8 m.

7.11

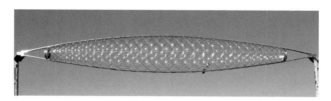

Transparenter, mit einem Seilnetz verstärkter Tensairity-Träger.

7.10

Demonstration der Tragfähigkeit der Tensairity-Brücke für Pkws in einer Fernsehsendung.

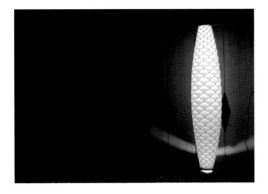 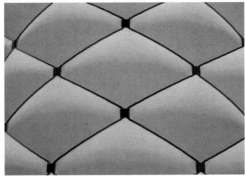

Aufgeblasene
Lampe.

REALISIERTE TRAGSTRUKTUREN

In den letzten Jahren wurden vor allem im Hochbau mehrere Erstanwendungen von Tensairity realisiert. Treibende Kraft ist die Schweizer Firma Airlight Ltd., die für die technische Ausführung verantwortlich zeichnet. Die 2004 von Luscher Architectes entwickelte Parkhausüberdachung in Montreux (Schweiz) ist vermutlich das bisher eindrucksvollste Projekt.[19] Das Membrandach wird von zwölf spindelförmigen Tensairity-Trägern mit Spannweiten bis 28 m getragen (7.13). Der obere und der untere Gurt des Tensairity-Trägers sind aus Stahl. Für das Membrandach wird dasselbe mit Silikon beschichtete Glasfasergewebe verwendet wie für die Tensairity-Träger. Der Luftdruck in den Trägern beträgt ca. 100 mbar. Die Architekten haben die verblüffenden Beleuchtungsmöglichkeiten der Luftbalken (7.14–7.17) ausgiebig genutzt. An jedem Ende der Tensairity-Balken sind verstellbare farbige Scheinwerfer montiert. Das Licht scheint durch durchlässige Endplatten in die pneumatische Struktur hinein. Die Farbe der einzelnen Balken kann per Software gesteuert und dynamisch verändert werden und ergibt eine lebendige Beleuchtung.

Tensairity-Dachstruktur
mit bis zu 28 m Spannweite für ein Parkhaus in
Montreux, Schweiz, von
Luscher Architectes SA &
Airlight Ltd., 2004.

Beleuchtungsmöglichkeiten der Dachstruktur bei Nacht.

Tensairity-Brücke mit 52 m Spannweite in Lanslevillard, Frankreich, von Charpente Concept SA, Barbeyer Architect & Airlight Ltd., 2005.

Im Jahr 2005 wurde eine 52 m lange Brücke mit zwei asymmetrischen spindelförmigen Tensairity-Trägern in einem Wintersportort in den französischen Alpen fertiggestellt (7.18). Es ist das derzeit größte Tragwerk dieser Art. Im Winter führt eine Skipiste über diese Brücke: Sie ist dann mit einer dicken Schneeschicht bedeckt und trägt eine hohe Last. Außerhalb der Skisaison wird sie als Fußgängerbrücke genutzt. Das Druckelement der Struktur besteht aus Holz, das Zugelement aus Stahl. Diese Brücke demonstriert eindrucksvoll das Potenzial von Tensairity für stark belastete Tragstrukturen mit hohen Spannweiten.

Tensairity-Vordach in Pieterlen, Schweiz, Airlight Ltd., 2005.

Ansicht der Innenseite des Vordachs.

Die genannten Projekte verwenden Tensairity-Balken; das Konzept kann jedoch auch für schalenförmige Strukturen eingesetzt werden. Ein Beispiel für diesen Ansatz ist ein Vordach in Pieterlen (Schweiz) (7.19). Zwei Gitter aus Stahlprofilen bilden die obere und die untere Schicht der Struktur. Die Gitter der beiden Schichten werden durch Zugelemente miteinander verbunden, um die Dicke der aufgeblasenen Struktur einzuhalten. Eine obere und eine untere Gewebeschicht machen die Struktur luftdicht. Der Luftdruck sorgt für die Vorspannung des Gewebes und stabilisiert die beiden Metallgitter. Da sich im

Tensairity-Werbesäule, Höhe 20 m, von Airlight Ltd., 2004.

Messestand mit Tensairity-Elementen, Breitling SA & Airlight Ltd., 2004.

Wesentlichen nur Luft in der Struktur befindet, wird die optische Erscheinung des Vordachs bei Nacht durch Licht hervorgehoben. Man kann vom Treppenhaus im Innern des Gebäudes über ein Fenster durch die Struktur hindurchsehen. So können die Zugverbindungen zwischen der oberen und der unteren Schicht sowie das sich zwischen dem Stahlgitter wölbende Gewebe betrachtet werden (7.20).

Als temporäre Anwendung von Tensairity wurde eine Werbesäule verwirklicht (7.21). Der gezeigte Prototyp hatte eine Höhe von 20 m und hielt ohne Versteifung Windgeschwindigkeiten bis 100 km/h stand. Solche Werbesäulen eignen sich für mobiles Marketing, z. B. bei Jahrmärkten, Open-Air-Festivals oder Sportveranstaltungen. Eine weitere temporäre Anwendung war der Messestand eines Schweizer Uhrenherstellers: Vier zylinderförmige Tensairity-Balken bildeten die Tragstruktur einer hängenden Plattform, auf der ein Sportwagen stand (7.22).

AUSBLICK

Pneumatische Tragstrukturen sind eine Sonderform textiler Tragstrukturen mit interessanten Eigenschaften. Das hybride Tensairity-Konzept überwindet die Mängel pneumatischer Strukturen im Hinblick auf die Festigkeit und eröffnet damit neue Einsatzmöglichkeiten für technische Textilien in Architektur und Bauwesen. Fortdauernde Forschungs- und Entwicklungsarbeiten führen zu einem besseren Verständnis des strukturellen Verhaltens dieses Systems und eröffnen neue Anwendungsbereiche. Die vorwiegend architektonischen Erstanwendungen demonstrieren die Realisierbarkeit dieser Technik in Bezug auf Kosten, Sicherheit und Tragfestigkeit. Know-how und Know-why werden mit jedem durchgeführten Projekt größer. Dies trifft insbesondere für die Detailplanung zu, die für diesen Strukturtyp von großer Wichtigkeit ist. Die Vorteile von Tensairity (einfaches Konzept, synergetische Interaktionen mit dem Ergebnis eines verbesserten strukturellen Verhaltens, effiziente Verwendung verschiedener Materialien, Eignung für temporäre Strukturen) gewinnen in der modernen globalen Welt zunehmende Bedeutung. Man kann gespannt darauf sein, welchen Platz diese Technologie in Zukunft einnehmen wird.

1   Topham, S.: *Blow up: inflatable art, architecture and design*, München: Prestel Verlag, 2002.

2   Otto, F.; Trostel, R.: *Zugbeanspruchte Konstruktionen*, Frankfurt: Ullstein Fachverlag, 1962.

3   Herzog, T.; Minke, G.; Eggers, H.: *Pneumatische Konstruktionen,* Stuttgart: Gerd Hatje, 1976.

4   Schock, H.-J.: *Segel, Folien und Membranen*, Basel, Berlin, Boston: Birkhäuser Verlag, 1997, S. 102-105.

5   Vertigo Inc., http://www.vertigo-inc.com/, 2009.

6   Die Tensairity-Technik wurde von der Firma Airlight Ltd. in enger Zusammenarbeit mit der Prospective Concepts AG entwickelt. Vor kurzem wurden die Tensairity-Forschungsaktivitäten von der Prospective Concepts AG in das Zentrum für Synergetische Strukturen, eine öffentlich-private Partnerschaft zwischen EMPA und Festo, eingegliedert. Hauptziel des Zentrums ist die Unterstützung der Forschung und Entwicklung von synergetischen Strukturen, insbesondere im Bereich Tensairity.

7   Luchsinger, R.H.; Pedretti, A.; Steingruber, P.; Pedretti, M.: „The new structural concept Tensairity: Basic principles", in: Zingoni, A. (Hrsg.), *Progress in Structural Engineering, Mechanics and Computations*, London: A.A. Balkema Publishers, 2004, S. 323-328.

8   Pedretti, A.; Steingruber, P.; Pedretti, M.; Luchsinger, R.H.: „The new structural concept Tensairity: FE-modeling and applications", in: Zingoni, A. (Hrsg.): *Progress in Structural Engineering, Mechanics and Computations*, London: A.A. Balkema Publishers, 2004, S. 329-333.

9   Luchsinger R.H.; Sydow A.; Crettol, R.: „Structural behavior of asymmetric spindle-shaped Tensairity girders under bending loads", in: *Thin-Walled Structures* 2011; 49 (9), S. 1045-1194.

10   Luchsinger, R.H.; Pedretti, A.; Steingruber, P.; Pedretti, M.: „Light weight structures with Tensairity", in: Motro, R. (Hrsg.): *Shell and Spatial Structures from Models to Realizations*, Montpellier: Éditions de l'Espérou, 2004, S. 80f.

11   Luchsinger, R.H.; Crettol, R.: „Experimental and numerical study of spindle shaped Tensairity girders", in: *International Journal of Space Structures* 2006; 21(3), S. 119-130.

12   Teutsch, U.: *Tragverhalten von Tensairity-Trägern*, Zürich: vdf Hochschulverlag, 2011.

13   Plagianakos, T.S.; Teutsch, U.; Crettol, R.; Luchsinger, R.H.: „Static response of a spindle-shaped Tensairity column to axial compression", in: *Engineering Structures* 2009; 31, S. 1822-1831.

14   Wever, T.E.; Plagianakos, T.S.; Luchsinger, R.H.; Marti, P.: „Effect of fabric webs on the static response of spindle-shaped Tensairity columns", in: *Journal of Structural Engineering* 2010; 136(4), S. 410-418.

15   Galliot, C.; Luchsinger, R.H.: „A simple model describing the non-linear biaxial tensile behavior of PVC-coated polyester fabrics for use in finite element analysis", in: *Composite Structures* 2009; 90(4), S. 438-447.

16   Luchsinger, R.H.; Crettol, R.: Plagianakos, T.S.: „Temporary structures with Tensairity", in: *International Symposium IASS-SLTE 2008, 3rd Latin American Symposium on Tensile-Structures*, Acapulco, 2008.

17   De Laet, L.; Luchsinger, R.H.; Crettol, R.; Mollaert, M.; De Temmermann, N.: „Deployable Tensairity structures", in: *Journal of the International Association for Shell and Spatial Structures* 2009; 50(2), S. 121-128.

18   Breuer, J.M.C.; Luchsinger, R.H.: „Inflatable kites using the concept of Tensairity", in: *Aerospace Science and Technology* 2010; 14(8), S. 557-563.

19   Pedretti, M.; Luscher, R.: „Tensairity-Patent – Eine pneumatische Tenso-Struktur", in: *Stahlbau* 2007; 76(5), S. 314-319.

TEXTILE ARCHITEKTUR

KLÄRANLAGE SEINE-AVAL

Standort: Achères, Frankreich
Bauwerk: Abdeckungen für Wasserreinigungsbehälter
Bauherr: SIAAP
Architekten: Adrien Fainsilber und AAE (Jean-Michel Capeille), Fribourg, Schweiz
Entwurf Membran/Metallarbeiten: ARCORA, Arcueil, Frankreich

Hersteller: Esmery Caron Structures,
Projektleiter: Philippe Bariteau, Dreux, Frankreich
Membrantyp: Polyestergewebe mit beidseitiger speziell formulierter Vinyl/PVDF-Beschichtung
Membranfläche: 17.300 m²
Fertigstellung: 2006

Nach der erfolgreichen Verwendung technischer Textilien für die Überdachung der vorgelagerten Wasseraufbereitungsanlage in Valenton wurde ein ähnlicher Ansatz für die Kläranlage in Achères gewählt.

In Achères befindet sich die größte Kläranlage der Region Paris und eine der größten in Europa. Etwa 1.700.000 m³ Abwasser werden hier täglich aufbereitet. Die Projektbeschreibung bezieht sich auf die Textilmembranstrukturen (1), die die 84 Biostyr-Reinigungsbehälter abdecken.

In den Behältern mit textiler Abdeckung befindet sich das Abwasser während der letzen Aufbereitungsphasen, bevor es in die Seine eingeleitet wird. Für das Biostyr-Verfahren zur Beseitigung der Stickstoffkomponenten und Rückführung der Stickoxide in die Atmosphäre müssen die Oberflächen der Behälter eine ausreichende natürliche Belüftung erhalten. Sie müssen außerdem vor der Sonne geschützt werden, um unerwünschtes Algenwachstum zu verhindern, ferner sollten vorbeigehende Techniker sie schnell inspizieren können. Die Architekten wollten nicht nur diese technischen Anforderungen erfüllen, sondern eine Abdeckung entwerfen, die nüchtern, aber modern ist und gut mit der unmittelbaren Umgebung harmoniert.

Die gewählte Textillösung erfüllte diesen Anspruch und war außerdem einfach zu installieren. Die Textilmembranbahnen wurden von einem vierköpfigen Installationsteam befestigt und gespannt, das von den Betonlaufgängen der Anlage oder von beweglichen Gerüsttürmen aus arbeitete. Jeder der 84 Reinigungsbehälter mit einem Grundriss von 16 x 11 m erhielt eine eigene Membranüberdachung, wobei die Membranflächen an einem Aufbau aus Edelstahl verschnürt wurden (2).

Für die Abdeckungen der Behälter wurden zwei verschiedene Textilien verwendet. Die größere Textilfläche war für das Behälterdach vorgesehen und besteht aus einem gespannten Polyestergewebe, das beidseitig eine speziell formulierte Vinylbeschichtung und anschließend eine PVDF-Lackierung erhielt. Die Membran ist auf einer Seite silbergrau und auf der anderen Seite blau. Silbergrau wurde für die Außenseite gewählt, um zum Schutz des Klärprozesses möglichst viel Sonnenstrahlung zu reflektieren. Trotzdem ist die Textilmembran ausgesprochen UV-beständig. Die zweite Textilie wurde für die vertikale Seite und die Fassadenplatten verwendet. Material und Herstellungsverfahren sind mit der Textilmembran für das Dach vergleichbar, aber das Gewebe ist leichter und weitmaschiger und daher so transparent und durchlässig, dass die Luft zirkulieren kann und eine schnelle Sichtkontrolle des Klärbereichs möglich ist. Beide Textilien weisen die erforderliche Feuerbeständigkeit auf.

Die Kläranlage in Achères wurde nach Grundsätzen nachhaltiger Entwicklung errichtet, und ihre Recyclingtätigkeit reicht weit über die Abwasserreinigung hinaus. Die Pumpen, die das gereinigte Wasser in die Seine einleiten, verwenden „grüne" Energie aus Wasserkraft-Turbinen. Die für den Aufbereitungsprozess benötigten Rohstoffe werden zur Entlastung des Straßenverkehrs auf dem Wasserweg transportiert. Die gewählten Textilabdeckungen schaffen nicht nur die erforderliche Umgebung für die Reinigungsverfahren und unterstützen die harmonische Integration der Anlage in die Landschaft, sondern sie bestehen zudem aus vollständig recyclingfähigen Materialien. **rp**

1 – Abdeckungen der Biostyr-Behälter.

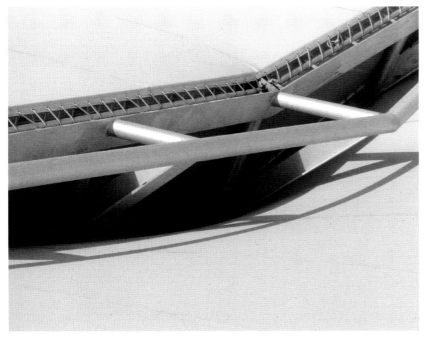

2 – Mit dem Edelstahlgerüst verschnürte Membran.

3 – Durchsichtige Seiten- und Fassadenplatten.

FREILICHTBÜHNE COLMAR

Standort:
Colmar, Frankreich
Bauwerk:
Freilichtbühne
Bauherr:
Direction architecture
Ville de Colmar
Architekt und
Projektleiter:
Christian Bignossi
Ingenieurbüro,
Membran: ARCORA,
Arcueil, Frankreich

Hersteller: Esmery
Caron Structures
(Philippe Bariteau);
Everest, Dreux,
Frankreich
Membrantyp:
Polyesterfasern mit
Polymerbeschichtung
Membranfläche:
1.800 m²
Fertigstellung:
2009

Die Freilichtbühne Colmar, die im August 2009 während der 62. Elsässer Weinmesse eingeweiht wurde, präsentiert sich mit einem eindrucksvollen Textildach (1).

Die östliche und die westliche Zuschauertribüne, die jeweils von einer 900 m² großen und 2,2 t schweren Textilmembran überspannt werden, schützen die Besucher vor der Witterung. Während das Gewebe tagsüber eine natürliche diffuse Helligkeit und optimalen Komfort bietet, erweitert es bei Einbruch der Dunkelheit aufgrund seiner Transluzenz die Palette der Beleuchtungseffekte.

Die für diesen Anwendungsbereich ausgewählte Textilie ist ein beidseitig mit PVDF-Polymer beschichtetes Gewebe aus Polyesterfasern. Die Beschichtung erfolgt durch ein patentiertes Verfahren, bei dem Kett- und Schussfäden so vorgespannt werden, dass das Gewebe besonders flach liegt, was eine dickere und gleichmäßigere Beschichtung ermöglicht. Daraus resultieren eine deutlich

verbesserte Haltbarkeit, eine größere Wetterbeständigkeit und eine bessere Resistenz gegen Verunreinigungen und Schadstoffe. Die Textilie erreicht eine Mindestlebensdauer von 15 Jahren.

Die Membrananalyse bestätigte erhöhte Zugbeanspruchungen im Umkreis der mittleren Verankerungspunkte, die daher mit einer doppelten Membranschicht verstärkt wurden (2). Da beide Dachmembranen zwischen zwei Hochpunkten und mehreren Verankerungsplatten in den Ecken gespannt werden sollten, wurden die Membrankanten entsprechend der gängigen Praxis mit Randseilen versteift.

Die Hochpunkte der beiden Dachmembranen wurden an zwei parallel in einer Achse verlaufenden Seilen befestigt (4). Die parallelen Seile wurden zwischen den Mastspitzen zweier Dreipunktständer aus Stahlrohren gespannt, die ihrerseits durch am Boden verankerte Abspannseile gestützt werden. Die Verankerungsplatten der Membranecken

sind an kürzeren Masten befestigt, die ebenso am Boden verankert sind. Die Dachstrukturen konnten innerhalb von drei Wochen von einem sechs- bis siebenköpfigen Team errichtet werden.

Diese textile Lösung hat ihre besonderen Stärken: Ästhetik und Formenvielfalt, Leichtigkeit und Transparenz, Widerstandskraft, schnelle Errichtung, Nachhaltigkeit und Umweltfreundlichkeit.

„Dies ist das erste textile Architekturprojekt dieser Größe in Frankreich, das mit einem Drahtseil wie für eine Drahtseilbahn montiert wurde. Die technische Besonderheit dieser Lösung ist der fehlende mittlere Mast. Sie ermöglicht große Spannweiten und weite freie Räume, die sich durch einen besonderen visuellen Komfort auszeichnen und dem Konzept gleichzeitig eine schlanke Struktur verleihen" (3), fasst Philippe Bariteau von Esmery Caron zusammen. Die Freilichtbühne bietet Zuschauern und Besuchern im Frühling, Sommer und Herbst erstklassige Bedingungen. **rp**

1 – Ein ausgesprochen originelles Outfit.

2 – Versteifung der mittleren Verankerungen durch Membranaufdopplung.

3 – Kein Mast behindert die Sicht.

4 – Parallel in einer Achse verlaufende Seile.

TERRASSE IN PUERTO MADERO

Standort: Puerto-Madero-Docks, Buenos Aires, Argentinien
Bauwerk: Überdachung einer Imbiss- und Caféterrasse
Konstruktionstyp: Einzelmembranüberdachung
Bauherr: Privatkunde
Architekt: WAGG Soluciones Tensadas, Buenos Aires

Ingenieur, Membran: WAGG Soluciones Tensadas
Membrantyp: Polyestergewebe mit speziell formulierter Vinylbeschichtung und PVDF-Lackierung
Membranfläche: 580 m²
Fertigstellung: 2009

Das nächste Konstruktionsbeispiel bezieht sich auf die historischen Puerto-Madero-Docks in Buenos Aires, wo auch das in einer ausgemusterten Fregatte untergebrachte Schiffsmuseum „Fragata Sarmiento" anliegt. Im Mittelpunkt steht eine textile Überdachung, die den Besuchern auf der Terrasse vor der Anlegestelle Schatten spendet.

Die maritime Umgebung legte als Tragwerk für die Membranstruktur die Verwendung von Masten und Takelage nahe. Sie passen perfekt zu denen der historischen Fregatte und spiegeln sich auch in der Form der von Santiago Calatrava entworfenen benachbarten „Frauenbrücke" wider (1).

Das Projekt sollte Sitzmöglichkeiten im Freien sowie eine Überdachung für die Tische und Stühle des Imbissstandes und für den Eiscafé-Bereich schaffen. Die Überdachung wurde als Textilmembran über einem Tragwerk aus Stahlstützen gestaltet.

Der Auftrag verlangte die Einbeziehung der Ästhetik der Umgebung, und so wurde die „nautische Sprache" der Masten und Segel in die gespannte Membranstruktur aufgenommen. Außerdem sollte die Aussicht nicht verstellt und die

Bewegungsfreiheit von Menschen und Gerätschaften nicht eingeschränkt werden (4).

Diese Anforderungen wurden mit der Verwendung eines gespannten textilen Daches erfüllt, das an einem primären Stahlgerüst aufgehängt wurde. Das Gerüst besteht aus zwei zentralen Masten, zwischen denen ein Verbindungsseil gespannt ist und an denen zwei mittlere Querstangen aufgehängt sind. Von jedem Mast gehen außerdem sechs Stahlholme ab, die als Stützpunkte für die Enden der Überdachung und die beiden Querstangen dienen (2).

Das Membranmaterial ist ein Einzelschichtpolyestergewebe mit speziell formulierter Vinylbeschichtung und einer PVDF-Lackierung, das eine rechteckige Zone von 10 x 30 m überdacht. Es ist an Befestigungspunkten an den Enden der Holme und Querstangen verankert und wird von Haltebögen angehoben, von denen zwei an den Masten und zwei am Verbindungsseil angebracht sind. Die Haltebögen verleihen der Membran die zweifach gekrümmte Form und fungieren als schlanke hängende Spanten. Alle Randanschlüsse sind über Versteifungsseile im Boden verankert, um die auf die Membran einwirkenden Hubkräfte

auszugleichen. Ein gemauerter Verkaufsstand befindet sich im Zentrum der Überdachung zwischen den beiden Querstangen. WAGG Soluciones Tensadas war für die Entwicklung und Realisierung der Membran zuständig: von den ersten Entwurfsskizzen, den statischen und den Membranberechnungen über die Zuschnitte und Verankerungsdetails bis hin zur Errichtung.

Die Errichtung entsprach einer Abfolge von Interaktionen zwischen Membran und Tragwerk. Die Masten wurden durch die Membran geführt, bevor sie ihre endgültige geometrische Position erhielten; dabei begann das Verbindungsseil bereits mit dem Anheben der Membran. Dann wurden die peripheren Masten errichtet und die Membran an ihren Befestigungsstellen angeschlossen. Sobald alle peripheren Masten und Versteifungsseile positioniert waren, erhielten die von den Masten getragenen Metallbögen ihre endgültige Position durch einen Schraubring, der auch für die endgültige Spannung der Membran sorgte (3). Die ungefähr rechteckige Überdachung wird an den Ecken durch zwischen den Befestigungspunkten gespannte Versteifungsseile stabilisiert, die der Konstruktion ihre endgültige Gestalt verleihen. **rp**

1 – Masten und Takelage.

2 – Aufbau der Überdachung.

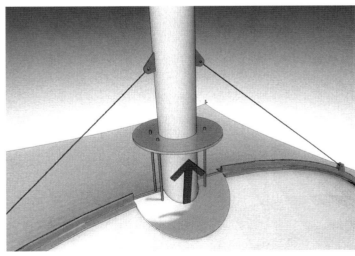

3 – Spannen der Membran.

4 – Unverstellte Fläche.

OCTAHEDRON

Standort:
Riad, Saudi-Arabien
Bauwerk: Mobile
Display- und
Präsentationsanlage
Konstruktionstyp:
Einzelmembran-
überdachung
Bauherr: Privatkunde
Architekt:
Ali Smaili, König-Saud-
Universität, Riad

Ingenieurbüro,
Membran: Smaili
Contracting.
Membrantyp:
Polyestergewebe mit
speziell formulierter
Vinylbeschichtung und
PVDF-Lackierung
Membranfläche:
109 m²
Fertigstellung:
2010

Membranstrukturen haben eine lange Geschichte in Saudi-Arabien, und ihre Wurzeln gehen auf die traditionell aus Ziegenhaar hergestellten Beduinenzelte zurück. Zelte haben nach wie vor eine kulturell symbolische Bedeutung, und im Innenhof vieler Privathäuser spendet in den heißen Sommermonaten ein Zelt Schatten.

Neuere Entwicklungen haben sich radikal von den traditionellen arabischen Zeltstrukturen abgewandt, und wohlhabende Privatpersonen kaufen mitunter „Zelte" mit Klimaanlage und riesigen LCD-Bildschirmen. Auch orientieren sich die Entwicklung und die Wahl der Gewebe mehr und mehr am aktuellen Nachhaltigkeitsanspruch, wobei daran zu erinnern ist, dass der ursprüngliche Zeltstoff aus Ziegenhaar für seine hervorragende Anpassung an das örtliche Klima bekannt war.

Die vorliegende innovative Membrankonstruktion wurde von einer saudiarabischen Firma für einen Kunden entwickelt und verwirklicht, der nach einer markanten Ausstellungsarchitektur suchte. Das Octahedron bietet einen gelungenen, eleganten Display- und Präsentationsbereich in einer Bauform, die sowohl modern ist als auch Elemente der kulturellen Tradition des arabischen Raumes aufgreift. Die Konstruktion (2) wurde so ausgelegt, dass sie den lokalen Umgebungsbedingungen (Windlast, UV-Strahlung, Temperatur) gerecht wird.

Das Octahedron besteht aus zwei aufeinanderstehenden Kegeln, die aus der Sicht des Formfindungsprozesses miteinander verbunden sind. Die Vorspannung des Seils wurde entsprechend der gewünschten Form geändert, und bis zum Erhalt der optimalen Gestalt wurden viele Formfindungsdurchläufe ausgeführt.

Bautechnisch wird das Gewebe von einer mittleren Stahlsäule getragen und an sechs Stellen befestigt: an den Endpunkten des Mittelmastes und an den vier Endpunkten der Auskragung, die beiden Kegeln gemeinsam sind. Die Konstruktion steht auf einem einzigen Fundament und ist in Bezug auf die Stabilität völlig unabhängig von äußeren Stützen. Außerdem kann sie mit vorgespannter Membran transportiert werden. Die Verflechtung von Zug- und Druckelement, das jeweils von der Membran und dem Mast dargestellt wird, bildet ein anschauliches Beispiel für eine Tensegrity-Struktur.

Nach der Auswahl der endgültigen Form erfolgte eine Analyse mit angewendeten Lasten, um die erforderlichen Stahlquerschnitte, den Gewebetyp und die Detaillierung des Endpunkts zu definieren (3, 4). Die wichtigsten Lastfaktoren für die Ausführung von Gewebe und Stahl waren die Vorspannung und die Windlast. Für die Definition des C_p-Werts (aerodynamischer Koeffizient) wurde der ASCE-Code verwendet. Die Windlast wurde mit ca. 100 daN/m² angenommen.

Der Flächenfaktor und folglich der erzielte Umfang an Sonnenschutz können durch einen Faltmechanismus gesteuert werden. Eine Änderung des Stahltragwerks (1) ermöglicht eine dynamische Konstruktion, die sich nach Bedarf öffnen und schließen lässt.

In seiner Konzeption kann das Octahedron als typisches Einzelelement für eine Anordnung mit mehreren Elementen betrachtet werden (5). **rp**

1 – Die Stützkonstruktion aus Stahl.

2 – Das fertig errichtete Octahedron.

3 – Spannungsverteilung ohne und mit Windlast.

4 – Spannung und Verformung des Membranelements unter Windlast.

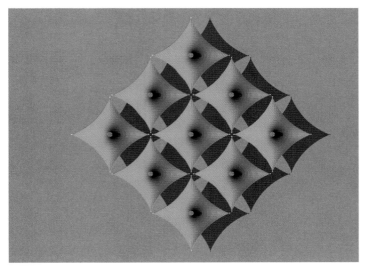

5 – Zwei Ansichten einer bidirektionalen Anordnung.

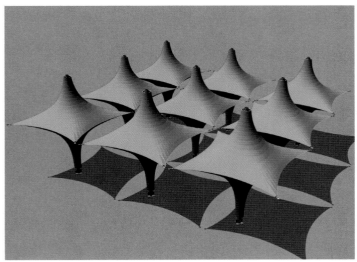

GIANT RUGBY BALL

Standorte: Paris, Frankreich; London, Großbritannien; Tokio, Japan; Sydney, Australien
Bauherr: Pneumatische Einzelmembrankonstruktion
Bauherr: Tourism New Zealand
Architekt: Fabric Structure Systems Ltd., Auckland, Neuseeland

Ingenieurbüro, Membran: Lindstrand Technologies, Oswestry, Großbritannien
Membrangewebe: Polyestergewebe mit speziell formulierter Vinylbeschichtung und beidseitiger PVDF-Lackierung
Membranfläche: 832 m²
Fertigstellung: 2007

Der Giant Rugby Ball ist eine aufblasbare Einzelmembrankonstruktion, die als Werbeträger für die Rugby-Weltmeisterschaften 2011 in Neuseeland hergestellt wurde. Der überdimensionierte Rugby-Ball sollte in mehreren Ländern eingesetzt werden und musste daher den jeweiligen Bau-, Gesundheits- und Sicherheitsvorschriften entsprechen.

Die äußere Hülle des Balls wird von einem ovalen Rahmen umschlossen, der mit einem schweren schlauchförmigen Wasserballast am Boden gesichert ist (3). Im Innern des Balls haben 220 Personen Platz. Hier befinden sich eine Bühne, eine Bar, Toiletten, ein Lagerraum, ein Kontrollraum und Sitzbereiche. Der Giant Rugby Ball ist eine bewährte aufblasbare Raumkonstruktion, die erfolgreiche Reisen nach Paris, London, Tokio und Sydney unternommen hat (1).

Die Innenfläche des Balls wird als eine „360-Grad"-Projektionsfläche verwendet, um für Neuseeland als Reiseziel zu werben. Das Surround-Panorama und die besondere Akustik der Konstruktion bieten Besuchern ein einzigartiges Erlebnis (6, 9).

Die Besucher betreten den Ball durch eine Luftschleuse, damit der erforderliche Druck im Innern des Balls erhalten bleibt. Spezielle Kontrollanlagen, die zwei große unter dem Fußboden verborgene Gebläse und die Klimaanlage steuern, sorgen für einen konstanten Luftdruck und eine gute Luftqualität.

Die Konstrukteure wollten den Eindruck eines Balls erwecken, der auf einem Spielfeld im Gras liegt. Entsprechend wurde die Position der Ebene, die den Ball schneidet, gewählt; gleichzeitig sollte die Bodenfläche im Innern maximiert werden. Nach der Untersuchung verschiedener Verankerungsmethoden wurde die Errichtung einer erhöhten Plattform aus Standardgerüstelementen und einigen maßgefertigten Teilen beschlossen, darunter eine am Rand mit Sperrholz ausgekleidete Mulde. In dieser Mulde befindet sich der schlauchförmige Wasserballast aus PVC. Die erhöhte Plattform, die am Rand mit den Membranbefestigungen versehen ist, ermöglicht die Unterbringung der Gebläse für das Aufblasen unter dem Fußboden.

Die Membran besteht aus einem Polyestergewebe mit einer speziell formulierten Vinylbeschichtung und beidseitiger Acryllackierung. Am Rand ist die Membran mit einem Wulst in Form eines Kederschienenbands verklebt. Das Kederschienenband wird von einem Strangpressprofil aus Aluminium gehalten, das mit dem Gerüst verbunden ist (2). Für den Luftabschluss wird zunächst eine Sperrholzetage über dem Gerüstboden montiert und mit einer geformten PVC-Membran bedeckt, die an der Innenseite der Ballmembran 50 cm nach oben verläuft und auch als Schablone für die Säulen des Zwischengeschosses und die Türen dient. Teppichfliesen schützen die Membran und sorgen für eine rutschfeste Bodenfläche. Die äußere Membran des Balls

verläuft unter dem Strangpressprofil weiter; sie bildet den Rand und kaschiert das Gerüst.

Für die Tragwerksplanung des Balls wurden neben dem Eigengewicht die Belastungen durch Wind, Schnee, Regen und Erdbeben berücksichtigt. Die Aufstellung des Balls im „Schatten" von Bauwerken mit Blitzableitern bietet Schutz vor Blitzschlag.

Die Windlast war der kritischste Faktor. Die Auslegungswindgeschwindigkeit betrug 23,15 m/s. Die für den Entwurf übernommenen Formfaktoren basierten auf Windtunnel-Testdaten. Der interne Auslegungsdruck betrug nominal 200 Pa unter Normalbedingungen und 300 Pa bei stürmischem Wetter. Das Gewicht des Wasserballasts konnte den durch die Windlast verursachten Schlepp- und Hubkräften mit einem Sicherheitsfaktor von mindestens 1,5 standhalten. Der Giant Rugby Ball entspricht wie jeder andere öffentliche Ort den Sicherheits- und Notfallbestimmungen, wobei seine einzigartige Bauweise besondere Lösungen erforderte: Windtürme mit Dreischalenstern-Anemometer am Standort messen die Spitzenwindgeschwindigkeiten. Es wurden Vorrichtungen installiert, um Besucher evakuieren zu können und um im Fall einer Vorhersage von Böen über 20 m/s die audiovisuelle und die Tontechnikanlage zu entfernen, die Luft aus dem Ball abzulassen und die Membran am Rahmen des Zwischengeschosses sicher zu befestigen (4, 5).

Rauchmelder und Feuerlöschgeräte sind vorhanden, und die zuständigen AV- und Tontechniker gewährleisten eine ständige Überwachung bei Besucherverkehr. Die von den japanischen Vorschriften verlangten zusätzlichen Notausgänge wurden durch an der Membran befestigte elektrische Heizdrähte gewährleistet, die im Bedarfsfall Türöffnungen ausschmelzen.

Drei dieselbetriebene Generatoren minimieren das Risiko eines kompletten Stromausfalls. Selbst bei ausgeschalteten Gebläsen bleiben den Besuchern bei geöffneten Türen bis zu zehn Minuten, um den Ball zu verlassen.

In seiner Ausführung konnte der Giant Rugby Ball alle gewünschten Anforderungen erfüllen. Er lässt sich leicht transportieren und in nur drei Tagen errichten. Im Internet gibt es eine Reihe von Videos, die die Errichtung und die Reisen des Balls veranschaulichen. Die hier vorgestellte Konstruktion zeigt das Werbe- und Unterhaltungspotenzial technischer Textilien, bei denen das „Gebäude" Teil der Darbietung ist und wie in diesem Fall selbst zum Unterhaltungskünstler wird. **rp**

1 – Von Paris nach Sydney.

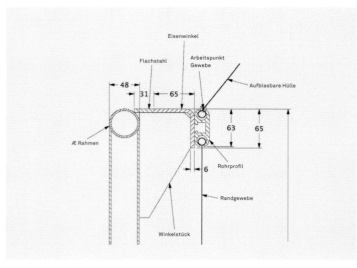

2 – Kederschienenband und Befestigungsdetail.

3 – Ballastschlauch.

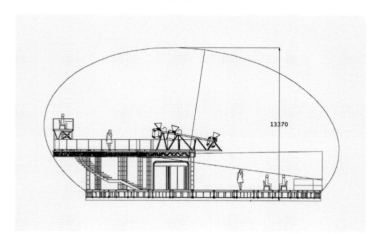

4 – Querschnitt und Grundriss.

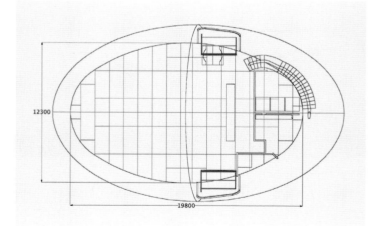

5 – Treppe ins Zwischengeschoss.

6 – Panoramaprojektion über dem Zwischengeschoss.

7 – Die Montage der Plattform.

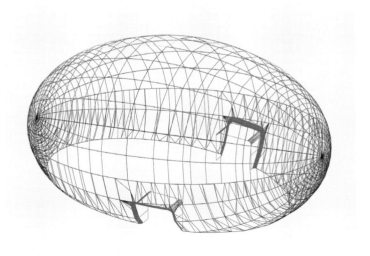

8 – Formfindung.

9 – Die Rundumprojektion und die besondere Akustik der Konstruktion bescheren dem Besucher ein einzigartiges Erlebnis.

CENTURY-LOTUS-STADION

Standort:
Foshan, China
Gebäudetyp:
Stadion für Leicht-
athletik-Events;
Stadiondach als
Stahlseilkonstruktion,
die an zwei Metall-
ringen verspannt ist
Bauherr:
Foshan City Council
Architekten: GMP,
Hamburg, Deutschland
Fachplaner Membran-
bau: Schlaich
Bergermann und

Partner, Stuttgart,
Deutschland
Membranbau: Beijing
N&L Fabric Technology
Co. Ltd., Beijing, China
Membrantyp:
Polyestergewebe mit
Vinylbeschichtung und
Oberflächenbehand-
lung mit Polyvinyliden-
fluorid (PVDF)
Membranfläche:
75.477 m²
Fertigstellung:
2007

Mit der Entscheidung für Foshan als Aus-
tragungsort des 12. Guangdong Province
Sports Meeting wurde das südchinesi-
sche Handels- und Industriezentrum im
Perlflussdelta mit einem neuen Stadt-
bild und hochmodernen Sportstätten
aufgewertet. Herzstück des neu geplanten Sportparks ist das zentral gelegene
Stadion, das sich wie eine Lotusblüte im
See spiegelt und um das herum alle städ-
tebaulichen und landschaftlichen Elemente arrangiert sind (4). Aus der Ferne
zeichnet sich das neue Stadion mit seiner unverwechselbaren Silhouette und
dem plisseeartig geformten, markanten
Stadiondach (5) aus V-förmigen Mem-
branelementen ab, die von oben wie eine
strahlende Blüte wirken.

Das Century-Lotus-Stadium dient als
Sportstätte für Fußball- und Leichtath-
letikveranstaltungen und fasst 36.000
Zuschauer. Eine Besonderheit ist das riesige Membrandach, das ca. 50.000 m²
Fläche abdeckt und die größte Membranstruktur mit Stahlseiltragwerk in China
darstellt. Der Durchmesser des äußeren
Tragrings beträgt dabei 310 m, der des
inneren Rings 125 m (1) – die Gesamtlänge
der verbauten Stahlseile nahezu 36 km.

Die Dachkonstruktion, welche von 40
mächtigen, freitragenden Betonsäulen
gestützt wird, besteht aus folgenden
drei Kernelementen für die Unterkonstruktion: einem äußeren Tragring, einem

inneren Tragwerk aus verspannten Stahlseilen sowie der verspannte Membranbekleidung (2).

Der äußere Tragring setzt sich dabei
zusammen aus einem oberen Tragring,
einem unteren Tragring und V-förmigen
Diagonalen (Stützen zur Verstärkung).
Diese sind an Verbindungspunkten ange-
schweißt, um ein Tragwerk zu formen, das
die Vertikal- und Seitenlasten aufnimmt.
Während für den oberen und unteren Ring
Stahlrohre mit einem Durchmesser von
1,4 m eingesetzt werden, bestehen die
Diagonalen aus 1,1 m großen Stahlrohren,
welche nicht nur die Vertikallast tragen,
die vom oberen Ring nach unten übertragen wird, sondern auch die Seitenlasten aus den Windkräften und den Spann-
kräften aus der Membran. Zur Unterstützung des unteren Rings sind die Stahlröh-
ren auf freitragenden Säulen aus hoch-
festem Beton gelagert.

Das innere Stahlseilsystem dient zur Verankerung und Verspannung der strahlenförmig gefächerten oberen Stahlseile
(Hochpunkte) und unteren Stahlseile
(Tiefpunkte). Jedes Stahlseil für die Hochpunktführung ist dabei mit dem inneren
Ring über gabelförmige Radialseile verbunden. Die jeweiligen Stahlseile für
die Hoch- und Tiefpunkte sind in unterschiedlichen Ebenen angeordnet und
über tangentiale Hängeseile miteinander
verbunden (3). Eine wichtige Bedeutung

für die Lastenaufnahme haben dabei die
Stahlseile für die Hoch- und Tiefpunkt-
führung: Während die Gravitationskräfte
wie die Eigenlast oder Betriebslast von
der Hochpunktführung aufgefangen werden, werden die durch Wind ausgelös-
ten Auftriebskräfte von der Tiefpunktfüh-
rung aufgenommen. Der innere Spannring ist aus zehn einzelnen Stahlseilen,
mit jeweils fünf Seilen in zwei Schichten,
zusammengesetzt.

Die Dachmembran ist aus 80 Membran-
elementen geformt, die zwischen den
strahlenförmig aufgereihten Stahlseilen und den Tiefpunkt-Führungen aufgehängt sind und so 40 gleichförmige
Dacheinheiten ausbilden. Als Membran
wurde ein vinylbeschichtetes, hochfestes
Polyestergewebe ausgewählt, das mittels
der patentierten Vorspanntechnik Précontraint hergestellt wird und damit eine
herausragende Dimensionsstabilität und
Homogenität garantiert, um eine lange
Lebensdauer zu gewährleisten. Durch die
besondere Flächenstabilität konnte man
auch darauf vertrauen, dass es nahezu
keine Abweichung von der kalkulierten
Vorspannung für die Membrankonstruktion geben würde. Die Oberflächenbehandlung der Membran mit PVDF sorgt
durch das geringere Anschmutzverhalten
für einen perfekten Look und eine lange
Lebensdauer des Membrandachs.
rp und ws

1 – Das Hochleistungsdach.

2 – Kernelemente: innerer Spannring, verspannte Membranbekleidung und äußerer Tragring.

4 – Century-Lotus-Stadion – Technologie im Spiegel der natürlichen Umgebung.

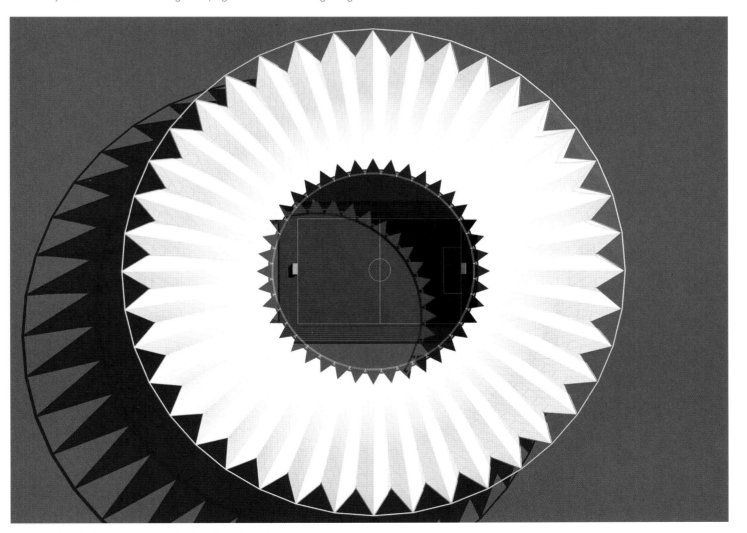

5 – Plissiertes Stadiondach aus 40 V-förmigen Dachelementen.

OMNILIFE-STADION

Standort: Guadalajara, Mexiko

Gebäudetyp: Fußballstadion

Bauherr: Chivas de Guadalajara/Jorge Vergara

Architekten: Massaud & Pouset, Frankreich

Generalunternehmer: ICA, Mexiko

Planung, Herstellung, Montage: Lonas Lorenzo, Architekt;

Projektleiter: Roberto Munoz, Guadalajara, Mexiko

Membrantyp: Polyestergewebe mit opaker, speziell formulierter Vinylbeschichtung

Membranfläche: 47.061 m²

Fertigstellung: 2010

Nach der Übernahme von Mexikos berühmtestem Fußballclub Chivas de Guadalajara durch den mexikanischen Magnaten Jorge Vergara 2002 war ein Stadionneubau mit einer Kapazität von 45.000 Zuschauern für den neuen Präsidenten erste Priorität. Als perfekter Standort am Stadtrand wurde der „La Primavera"-Wald mit der ihn umgebenden ursprünglichen Bergwelt ausgemacht, in den sich das Stadion gestalterisch einfügen sollte. Die französischen Architekten Jean-Marie Massaud und Daniel Pouset entwarfen hierzu das Konzept eines Vulkans, über dem eine weiße Wolke (7) schwebt – in perfekter Harmonie mit der Umgebung und durch folgende drei Elemente charakterisiert: einen Vulkanwall mit natürlichem Grünbewuchs im Einklang mit der umgebenden Vegetation (3), den inneren Tribünenbereich (2) und eine Wolke, die an einen rauchenden Vulkan erinnert und als membranverkleidete Stahlkonstruktion konzipiert ist (4).

Aufgrund der fulminanten Spannweiten wurde eine Leichtbaukonstruktion angedacht. Sowohl von den architektonischen als auch den technischen Anforderungen wurde daher einem Membrankonzept der Vorzug gegeben. Die besondere Herausforderung bestand dabei vor allem in einer 55.000 m² großen Verkleidung der Unterseite, also einer Deckenkonstruktion im Gegensatz zu der sonst üblichen Ausbildung als Dachform. Unter den vielen erfindungsreichen Verfahren, die

ausgearbeitet wurden, fiel die Wahl auf eine Konstruktion aus Stahlträgern. Ein Hauptanforderung war dabei, die „Wolke" ohne innere Stützen (8) und in einem Stück zu gestalten, was zunächst zur Idee einer luftbefüllten, durchgängigen Röhre führte. Da dies aufgrund der technischen und wirtschaftlichen Machbarkeit verworfen wurde, plante man das Stadiondach als membranverkleidetes Stahltragwerk, das auf 16 mächtigen Betonstützen ruht und sich bis zu 40 m imposant über der höchsten Tribüne erhebt.

Nach Entwicklung mehrerer Modelle kristallisierte sich eine Konstruktion (5) aus 64 tragflügelähnlichen Stahlträgern heraus, die gleichmäßig um das Spielfeld angeordnet wurden, mit vier Sekundärträgern zur Verbindung der Elemente untereinander. Dieses Konzept wurde ergänzt mit einem inneren und äußeren Kompressionsring, der zusätzliche Stabilität und Leichtigkeit verleiht.

Um hinsichtlich Wirtschaftlichkeit und Stabilität eine optimale Stadiondachkonstruktion zu erreichen, wurden umfangreiche Windkanaltests durchgeführt. Das Ziel war hier, die auf den Standort bezogenen sowohl stetigen als auch dynamischen Windlasten für die statische Planung von Stadion und Fundamenten zu ermitteln, d.h. die Windkräfte auf Fassade und Dach (Ober- und Unterseite) zwecks korrekter Dimensionierung der Dachkonstruktion bzw. Membranen.

Hierzu wurde auf Basis des Architektenentwurfs ein Modell im Maßstab 1:300 entwickelt, mit dem die Windbelastungsmessungen unter Berücksichtigung lokaler geografischer Gegebenheiten simuliert wurden. Da es unmöglich war, das Tragverhalten für alle nur denkbaren Windsituationen zu analysieren, konzentrierte man sich auf die am häufigsten auftretenden Wetterszenarien, um so die größten Beanspruchungen für das Tragwerk zu simulieren (6).

Der ursprüngliche Entwurf sah als Membran ein transluzentes Gewebe vor, das von innen beleuchtet werden sollte. Im Detail wurde dies später kritisch bewertet in Bezug auf das Anschmutzverhalten und die Tatsache, dass es die Unterkonstruktion hätte „skelettartig" durchscheinen lassen. So einigte man sich schließlich auf ein Block-Out-Gewebe (1) mit speziellem PVDF-Finish, damit die Membran auch auf lange Sicht einen sauberen, homogenen Anblick behält. Hinsichtlich einer möglichst langen Lebensdauer und einer hohen Flächenstabilität, die für das Dach mit seiner besonderen Beanspruchung notwendig war, wurde ein Composit-Gewebe ausgewählt, das in patentierter Vorspanntechnologie hergestellt wird und durch sehr geringe Ausdehnung und Abweichung unter Krafteinwirkung überzeugte. **rp und ws**

1 – Die Unterseite der Membrankonstruktion.

2 – Der Tribünenbereich von innen.

3 – Die grünen „Vulkanhänge".

4 – „Die Wolke" als Zuschauerüberdachung.

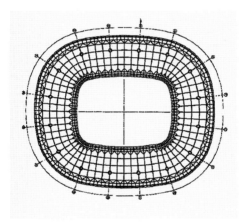

5 – Dachentwurf mit 64 Segmenten, arrangiert in 16 Blöcken mit vier Verbindungsträgern.

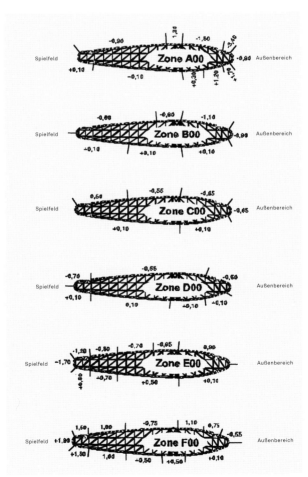

6 – In umfangreichen Tests wurden die Spitzen der Windlasten ermittelt.

7 – Harmonisch in seine Umgebung eingebettet: das Omnilife-Stadion.

8 – Die Herausforderung war, die Überdachung ohne innere Stützen zu konzipieren.

ANDREAS-PETER-UND-PAUL-KIRCHE

Standort: Maassluis, Niederlande
Bauwerk: Wärmedämmende Doppelschicht-Membranstruktur
Bauherr: AP&P Parochie Maassluis
Architekten: Royal Haskoning Architecten, Rotterdam, Niederlande; Mari Baauw, René Olivier
Tragwerksplanung: Royal Haskoning, Rotterdam
Membranentwurf, -analyse und -berechnung: Tentech, Utrecht, Niederlande

Generalauftragnehmer: De Klerk, Werkendam, Niederlande
Auftragnehmer Membran: Buitink Technology, Duiven, Niederlande
Auftragnehmer Fassade: Rodeca Systems, Alphen a/d Rijn, Niederlande
Membran: Polyestergewebe mit speziell formulierter Vinylbeschichtung und PVDF-Lackierung
Membranfläche: 1.400 m²
Fertigstellung: 2007

Besucht man das Dorf Maassluis in der Nähe von Rotterdam, wird man schnell auf die ausgefallene Silhouette der Andreas-Peter-und-Paul-Kirche aufmerksam.

Die futuristisch fließenden Linien bilden einen starken Kontrast zu den umliegenden traditionellen Häusern. Der Innenraum der Kirche wird von mehreren einander überlappenden Schalen gebildet, da man auf die traditionelle Formensprache des Gewölbes nicht verzichten wollte. An den Überschneidungen der Schalen gelangt das Tageslicht durch transparente farbige Polycarbonatflächen, nach der Art bunter Kirchenfenster, ins Innere (1).

Trotz der modernen äußeren Erscheinung erzeugen die organische Muschelform und die farbigen Fenster eine meditative und friedvolle Atmosphäre (2).

Die unkonventionelle Form der Dachschalen machte die Evaluierung verschiedener Konstruktionstechniken erforderlich. Ursprünglich sollten Profilstahlbleche verwendet werden, die eine relativ kostengünstige Lösung ermöglichten. Aufgrund ihrer groben Kanten und unregelmäßigen Innenfläche wurde jedoch schnell nach Alternativen gesucht. Aus der Idee, die Profilbleche mit Textilien abzudecken, entstand

schließlich die Lösung der Membranstruktur. Diese Leichtbautechnik, die für teilpermanente Konstruktionen ideal ist, entsprach der Idee des Architekten von einem „materialarmen" Gebäude.

Die Kirche von Maassluis ist ein Beispiel für eine wärmedämmende Doppelschicht-Membranstruktur. Die Schalen werden von Bögen aus Stahlrohren getragen, und das Stahltragwerk ist mit lichtdurchlässigen Membranschichten bespannt. Im Gegensatz zu herkömmlichen Konstruktionsmethoden müssen hier die Membranspannungen berücksichtigt werden. Neben dem Eigengewicht des Tragwerks nehmen die Stahlbögen auch die Spannungslasten der Membran auf. Jede Haut der Doppelschichtmembran wiegt mit Wärmedämmung und Befestigungen bis zu 3.500 kg, und die Membran muss gespannt werden, um eine glatte Oberfläche zu bilden. Damit sich das Tragwerk unter der Spannung und unter Schnee- und Windlasten nicht verbiegt, wurden die Bögen durch einen Stahlunterbau miteinander verbunden (4).

Die Doppelschicht-Membranstruktur besteht aus einer Haut für die Tragwerksaußenseite und einer zweiten Haut für die Tragwerksinnenseite. Innen- und Außenhaut werden zunächst über Ge-

webeendpunkte an mit den Rohren verschweißten Stahlanschlüssen sicher befestigt. Zwischen diesen Befestigungsstellen verlaufen die Randseile zur Aufrechterhaltung der Membranspannung. Die wetterfesten Kanten der Schalen werden durch einen zusätzlichen um das Rohr geschlagenen Textilstreifen gebildet, der die innere und die äußere Membranschicht weitläufig überlappt und mit ihr verschweißt ist (3).

Die Membran besteht aus einem Polyestergewebe mit speziell formulierter Vinylbeschichtung und einer Teflonlackierung, die das Anhaften von Partikeln reduziert und die Oberfläche in Verbindung mit Regenwasser sauber hält. Um die Errichtung des doppelt gekrümmten Daches zu vereinfachen, wurde die 1.400 m² große Fläche in 248 separate Stoffabschnitte aufgeteilt, die zusammengeschweißt und mit Randseilen versehen wurden. Eine intelligente Membranhalterung ermöglichte das Spannen der Membran während des Aufbaus. Bei Bedarf kann die Membran während der Nutzung nachgespannt werden.

Zwischen der Außen- und der Innenhaut befindet sich eine Dämmschicht, die über der Innenhaut befestigt ist. Der 400 bis 2.000 mm große Hohlraum zwischen den beiden Schichten wird über Öffnungen entlang der Membrankante belüftet. Neben der dämmenden Wirkung reagiert die Doppelschichtstruktur auch sehr gut auf extreme Schnee- und Windlasten. Unter solchen Lasten entstehende Verformungen der Außenhaut werden vom Hohlraum zwischen den beiden Schichten aufgenommen. Die Leichtbau-Schalenkonstruktion kann so ihre wärmedämmende Wirkung aufrechterhalten und die Last tragen, ohne dass im Innern der Kirche Verformungen sichtbar werden.

Das Gestaltungsprinzip dieser Kirche basiert auf einem Maximum an Raum und Licht und einem Minimum an Material. Eine Doppelschichtmembran mit Wärmedämmung bot eine moderne Lösung für die äußere Hülle der Kirche (5). Tageslicht gelangt über moderne transparente Polycarbonatfenster, die von farbigen Kirchenfenstern inspiriert sind, ins Innere. In Kombination mit der doppelt gekrümmten Decke ermöglichen diese Fenster eine effiziente natürliche Beleuchtung. Die Verbindung zwischen Licht und Raum, Form und Struktur lässt einen Innenraum entstehen, der seine Funktion perfekt erfüllt. **rp, ap und iv**

1 – Die markante futuristische Form der Kirche.

2 – Muschelförmiger Innenraum.

3 – Wetterfeste Kante.

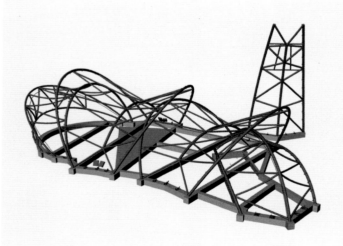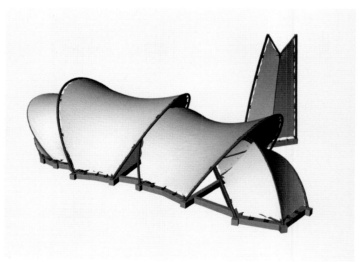

4 – Rahmentragwerk aus Stahlrohren und Membranbespannung.

5 – Maximiertes Minimum.

LE LIDO – ZIRKUSSCHULE CENTRE DES ARTS DU CIRQUE

Standort: Toulouse, Frankreich
Gebäudetyp: Membranstruktur mit Stahlseiltragwerk
Bauherr: Stadt Toulouse
Architekt: Stadtverwaltung Toulouse, Pierre-Jean Riera, Architekt des Stadtbauamts
Membrandesign und -planung: PRAT Structures Avancées, Toulouse

Generalunternehmer: Constructions Saint-Eloi, Toulouse
Hersteller: VSO France
Membrantyp: Polyestergewebe mit Vinylbeschichtung und schweißbarem PVDF-Finish
Membranfläche: 2.000 m²
Fertigstellung: 2008

Le Lido ist eine städtische Zirkusschule für Hobby- und Profiartisten, die in den verschiedensten Disziplinen ausbildet. Dank vieler renommierter Trainer und Absolventen genießt die Bildungseinrichtung einen herausragenden internationalen Ruf und bildet dabei pro Jahr über 500 Schüler aus. Der neue Entwurf für Le Lido ist an die Zirkuskultur angelehnt und erinnert an eine Zeltstadt. Die beeindruckende Membrankonstruktion überdeckt eine Grundfläche von ca. 1.500 m² (1) und bietet Platz für 250 Zuschauer sowie gleichzeitig einen großzügigen Trainingsraum für die verschiedensten artistischen Disziplinen.

Die Besonderheit am Membranbau des Lido ist, dass er ohne klassischen Zentralmast auskommt. Stattdessen sind acht Masten ringförmig angeordnet, die die Kreisfläche der Überdachung beschreiben. Jeder Mast ist über ein Netzwerk von Primär- und Sekundärstahlseilen mit einem zentralen Ringelement verbunden. Ein zusätzliches, äußeres Tragwerk an Stahlseilen gewährleistet die Verspannung zur Unterstützung des Ringelements und der gespannten Membran und sorgt gleichzeitig für eine durchgängige Stabilität (2). Dies stellt zwar eine sehr hohe Belastung für die Struktur dar, ermöglicht gleichzeitig aber eine enorme Spannweite für den Zentralbereich. Als Membran wurde ein Hochleistungs-Polyestergewebe mit Vinylbeschichtung eingesetzt, das innerhalb seines patentierten Herstellungsprozesses während des gesamten Beschichtungsvorgangs vorgespannt wird. Dies gewährleistet eine gleichmäßige Beschichtungsstärke und eine besonders hohe Beanspruchungsfähigkeit, Dimensionsstabilität und lange Lebensdauer.

Neben seiner Kernaufgabe für die Ausbildung der Konstruktion definiert das Ringelement das Dach und die Wände der Konstruktion und lässt so einen intimen Bühnenraum entstehen, in dem Trainer und Schüler ihre Künste öffentlich vorführen können. Dank der effizienten Schallabschirmung, mit einer Reduktion von 35 dB zwischen Bühnenfläche und Außenhülle, entsteht für die Bewohner eines nur 100 m entfernten Wohngebietes keine Geräuschbelästigung.

Die große Spannweite wird durch eine starke Verspannung der Tragwerkseile erreicht. Um die daraus resultierenden hohen Kräfte nach unten in die acht Fundament-Verankerungen abzutragen, wurde ein neues, patentiertes Verbindungssystem eingesetzt (6). Dieses neue System erlaubt eine perfekte Verspannung durch eine vollkommen frei wählbare Ausrichtung dank einer nahezu uneingeschränkten Drehbarkeit aller darauf bezogenen Befestigungselemente (5). Außerdem wirkt es als Reserve für eine eventuelle Verformung unter extremen klimatischen Bedingungen.

Acht riesige Membranpaneele bilden den Körper des Lido. Diese wurden am Boden vorkonfektioniert und an einem Stück hochgezogen, was den Aufbau auf einen halben Tag beschränkte und unschöne unsymmetrische Abweichungen im Stahlseiltragwerk vermied.

Die acht Membranpaneele sind von einem durchgängigen Stahlseil eingefasst (5). Spezielle MagicClamps dienen alle 50 cm zur Befestigung und verbinden die Membran mit dem zugehörigen Stahlseil. Dies sorgt für ein elegantes Erscheinungsbild des Tragwerks und eine Membranstruktur mit faltenfreier Oberfläche.

Um den Regen aus den Verbindungspunkten am First zu halten, wurden neuartige Hülsen (3) aus einem Aluminiumverbundmaterial verbaut, welche die strahlenförmig angeordneten Längstragseile (6) abdecken und mittels käfigartiger Konstruktionen zur Versteifung am Mastfirst (4) befestigt sind. Dies verleiht der Gesamtgestaltung ein besonders edles Aussehen.

Mit besonderer Aufmerksamkeit für Details wurden Stahlseil-Knotenpunkte und maßgeschneiderte Verstärkungsplatten entschieden vereinfacht und trugen so nicht nur zu einer erheblichen Kosteneinsparung, sondern auch zu einem besonders eleganten und fließenden Charakter der Membrankonstruktion bei. **rp und ws**

1 – Le Lido mit seiner markanten architektonischen Gestaltung.

2 – Die Grafik zeigt die Basiskonstruktion: das zentrale Ringelement mit den
kreisförmig angeordneten Masten und dem Stahlseiltragwerk.

3 – Le Lido mit seinen charakteristischen Masthülsen.

4 – Mastfirst vor der Eindeckung.

5 – Detail des Verankerungselements (Randseil-
verstärkung, MagicClamp-Membranbefestigung,
externes Längstragseil, MagicJoint-Drehlager-
Verbindung).

6 – Die Fundamentverankerung an den Ecken mit den Details für Befestigung und Abdeckung der Firstverbindungen.

TEXTILE FASSADEN

STÜCKI BUSINESS-PARK

Standort:
Basel, Schweiz
Bauwerk: Mehrge-
schossiges Büro-
und Laborgebäude
Bauherr:
Swiss Prime Site AG
Architekt:
Blaser Architekten AG,
Basel

Ingenieurbüro, Mem-
bran: Typico GmbH & Co
KG, Lochau, Schweiz
Membrantyp: Polyes-
ternetzgewebe mit
speziell formulierter
Vinylbeschichtung zu
100 % recycelbar
Membranfläche:
10.500 m²
Fertigstellung:
2011

Der Stadtbezirk Basel Nord erlebt dynamische Veränderungen. Der Standort der früheren Schetty-Färberei, die zunächst in Lagerhäuser für Ciba umgewandelt wurde, wird nun zu einem renommierten, anregenden und attraktiven Treffpunkt für innovative Unternehmen der Branchen Life-Sciences, IT und Nanotechnologie entwickelt.

Der Langbau, der seit Baubeginn im Juli 2007 Form annahm, bildet das Rückgrat des Stücki Business Parks. Das Gebäude gliedert sich in einen Sockel mit Auffahrtsrampe und Geschosszufahrt, ein überhöhtes Eingangsgeschoss und weitere sechs Etagen. Die innovative 230 m lange, neu entwickelte Membranfassade verleiht dem Gebäude eine unverwechselbare Identität (1).

Die Fassade basiert auf einem einfachen, aber effektiven Konzept. Eine metallfarbene Membran wurde über lange, asymmetrische dreiseitige Prismen aus geschweißten Aluminiumrahmen gespannt. Mehrere verschiedene asymmetrische Prismen werden auf Stoß aneinandergereiht und verleihen der langen Fassade eine Wellenform, die die geraden Linien durchbricht und Bewegung erzeugt (3).

Da die Prismen die Fenster überlagern, bieten sie auch aus dem Gebäudeinnern interessante optische Effekte. Die asymmetrischen Prismen wiederholen sich an verschiedenen Stellen der Fassade, um die Fertigung der Rahmen zu vereinfachen.

Das Membranfassadensystem wurde zunächst einem maßstäblichen Test unterzogen (2).

Die Membranrahmen wurden aus geschweißten Aluminiumprofilen gefertigt. Die fertigen Rahmen wurden dann an der Betonfassade des Gebäudes befestigt, bevor die Textilmembranhülle angebracht wurde (4).

Um innerhalb des Gebäudegrundrisses zu bleiben, wurden die südliche und die östliche Fassade als zweidimensionale Einheiten gefertigt, wobei die Umrisslinien beibehalten wurden (3).

Das silbern beschichtete anthrazitfarbene Membrangewebe wurde aufgrund der Transparenz, der selbstreinigenden Eigenschaften, der reflektierenden Oberfläche und der Feuerbeständigkeit gewählt. Die voraussichtliche Lebensdauer der Membran beträgt 25 Jahre.

Die Membran verleiht dem einfachen rechteckigen Gebäude ein einzigartiges, markantes Aussehen und lässt im Makromaßstab ein Spiel von Reflexionen und Einblicken entstehen (5). Je nach Blickwinkel und Beleuchtung zeigt sich entweder das filigrane Skelett des Gebäudes oder die leichte, luftige Hülle, die ein bewegtes Spiel von Licht und Schatten entstehen lässt und der Struktur eine gewisse Leichtigkeit verleiht. **rp**

1 – Textilfassade.

2 – Test der Paneele mit Membranumhüllung.

3 – Die Westfassade geht der Vollendung entgegen.

4 – Geschweißte Aluminiumrahmen.

5 – Dreidimensionale Dynamik.

YENDI BÜROGEBÄUDE

Standort: Bulle, Schweiz
Gebäudetyp: Mehrgeschossiges Bürogebäude
Bauherr: Yendi S.A.
Architekten: deillon delley architectes, Bulle
Fassadenbauer: Progin SA Metal, Bulle
Membrantypen:
Bekleidung: Polyester-Netzgewebe mit speziell formulierter Vinylbeschichtung, zu 100 % recycelbar
Abdichtung: diffusionsoffenes Compositvlies aus Polyester und Glas mit Polyacrylbeschichtung
Membranfläche: 2.800 m²
Fertigstellung: 2007

Yendi wurde 1976 als Handelsunternehmen für Damenoberbekleidung im schweizerischen Bulle gegründet. Heute nennt Yendi über 80 Outlets in der Schweiz sein Eigen und hat sich durch seine Expansion ins benachbarte Ausland auch international entwickelt. Die besondere Philosophie des Unternehmens, seinen Weg abseits ausgetretener Pfade zu suchen, ließ sich bereits beim Bau des Logistikzentrums 1999 erkennen. Hier wagte man den kühnen Versuch, das Gebäude in ein mit Siebdruck gestaltetes Textilgewebe zu hüllen – damals eine der ersten Textilfassaden überhaupt!

Sieben Jahre später konzipierten die Architekten Achille Deillon und Alexandre Delley eine weitere Textilfassade für Yendi, da auch hier das Fassadenkonzept die Geschäftsleitung als perfekter Ausdruck der Geschäftstätigkeit des Unternehmens überzeugte (1, 2).

Das Konzept für das neue Verwaltungsgebäude beruhte auf dem Textilfassadensystem, das vom Hersteller des Gewebes ursprünglich für das Logistikgebäude entwickelt worden war. Dieses Textilfassadensystem besteht aus einem Polyester-Netzgewebe mit Vinylbeschichtung (4) für die Fassadenbekleidung und einer farbigen Abdichtungsmembran mit Polyacrylbeschichtung (3) darunter. Letztere schützt die Fassadenkonstruktion zuverlässig gegen Wind und Regen, wobei Restfeuchte dank der Atmungsaktivität entweichen kann. Das Ergebnis ist ein multifunktionales Fassadensystem, das entscheidend zum Wohlfühlklima des Gebäude beiträgt und zudem gestalterisch durch die besondere Tiefenwirkung beeindruckt, wenn die farbige Innenmembran durch das äußere Netzgewebe changiert.

Das Gestaltungskonzept der neuen Fassade nimmt zwar den Charakter des in der Nähe befindlichen Logistikzentrums auf, führt ihn jedoch in einer vollkommen neuen Interpretation fort. Hierzu haben sich die Architekten in Zusammenarbeit mit dem Ingenieurbüro BCS einen Mix aus einer Textilfassadenbekleidung und Sonnenschutzscreens ausgedacht, deren Gewebematerial ebenfalls aus dem Programm des Gewebeherstellers kommt und so farblich eine starke Homogenität ermöglicht. Zusätzlich wurde eine farbige Abdichtungsmembran hinter dem Fassadengewebe ausgewählt. Dieser Effekt kommt besonders gut zum Tragen, wenn sich die Sonnenschutzscreens bewegen oder sich durch die Sonneneinstrahlung die Tiefenwirkung verändert. Auf diese Weise scheint das Gebäude immer in Bewegung zu sein und wirkt damit nie langweilig oder statisch (8). Mehrere „horizontale Streifen" markieren die Gliederung für die verschiedenen Etagen und ermöglichen gleichzeitig, dass die Kassetten für die Markisen (5) verschwinden, so dass nur das Gewebe und die Metallprofile zu sehen sind (6). Durch die identischen Fassadengewebe und Sonnenschutzscreens ergibt sich eine besondere Homogenität trotz unterschiedlichster Funktionalitäten (7).

Weitere Präferenzen für die Textilfassade kamen aus der Erfahrung des Bauherrn mit dem Logistikgebäude, wobei hier vor allem die Langlebigkeit, Robustheit und Reißfestigkeit des Materials beeindruckten. Ein weiterer Grund waren die hervorragenden Wärmeschutzeigenschaften, da durch die Bespannung eine Hinterlüftung und somit eine wirksame Dämmung am Gebäude entstand. Dies wurde mit der neuen Konstruktion und mittels der Fassadenabdichtung noch perfektioniert.

rp und ws

1 – Gesamtansicht.

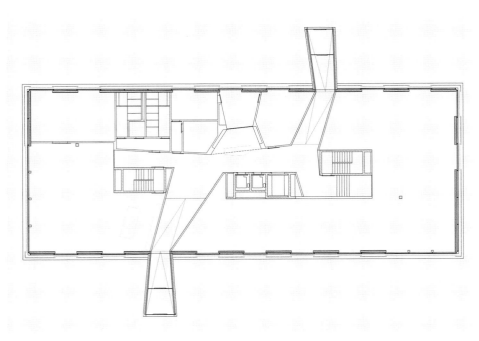

2 – Grundriss Eingangsbereich.

3 – Diffusionsoffene Abdichtungsmembran hinter dem äußeren Textilgewebe.

4 – Detail des netzartigen äußeren Textilfassadengewebes.

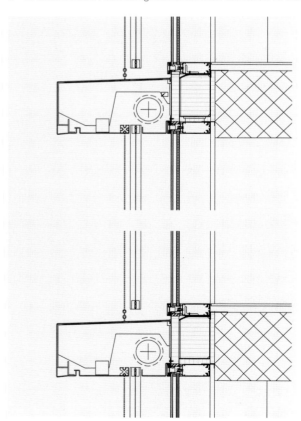

5 – Schnitt: Horizontale „Streifenelemente" beherbergen den
Aufrollmechanismus.

6 – Fassadenansicht mit Sonnenschutzscreens, Fassadengewebe und Metallprofilen.

7 – Homogene Fassadengestaltung aus verschiedensten Elementen.

8 – Wechselnde Positionen der Sonnenschutzscreens ...

... geben der Fassade immer wieder ein neues Erscheinungsbild.

DEICHMANN FLAGSHIP-STORE

Standort:
Essen, Deutschland
Gebäudetyp:
Mehrgeschossiges
Geschäftsgebäude
Bauherr: Heinrich
Deichmann-Schuhe
GmbH & Co. KG
Architekten:
Planungsgruppe Draht-
ler GmbH, Dortmund,
Deutschland
Planung Textilfassade:
Tensoforma Trading
s.r.l., Entratico, Italien

Fassadenbau:
Zompras Metallbau
GmbH, Soest,
Deutschland
Membrantyp: Polyes-
ter-Netzgewebe mit
speziell formulierter
Vinylbeschichtung,
zu 100 % recycelbar
Membranfläche:
550 m²
Fertigstellung:
2008

Mit dem neuen Flagship-Store von Deich-mann am Limbecker Platz wurde die Essener City um ein neues ausdrucks-starkes Gebäude bereichert. Nach Abriss des bestehenden Geschäftshauses, das der Bauherr seit 1994 nutzte, wurde ein neues fünfstöckiges Gebäude errichtet, das zum Großteil von der Deichmann GmbH als Flagship-Store mit einer Nutz-fläche von 2.000 m² genutzt wird.

Als Gegenpart zum gegenüberliegenden dominanten, riesigen Baukörper eines Einkaufszentrums mit Lochblechfassade sollte die Fassadengestaltung des Flags-hip-Stores (1) einerseits einheitlicher wir-ken, andererseits auch eine hohe Trans-parenz besitzen, um eine enge Beziehung des Flagship-Stores zur Außenwelt her-zustellen. Das Ziel war, schon von außen zu zeigen, was sich hinter der Fassade abspielt. Gleichzeitig wollte man ebenso eine hohe Transparenz von innen nach außen erzielen, um Kunden die Aussicht genießen zu lassen.

Nach der Analyse verschiedener Ansätze überzeugte am meisten das Konzept mit einer Textilfassade: Neben dem hohen Grad an Transparenz und anderen Leis-tungseigenschaften des Materials war die Verfügbarkeit des präferierten Gewebes in 27 Farben für die Entscheidung aus-schlaggebend. Der ausgewählte Farbton „Metall gehämmert" antizipierte optimal die metallische Optik des gegenüber-liegenden Baukörpers und vertrug sich besonders gut mit dem Materialmix aus Glas und Tonplatten.

Ein weiterer Vorteil der Textilfassade war, dass sie mit runden Paneelen zu konstru-ieren war (2), da – aufgrund der Planung bis an die Katastergrenzen – der Baukör-per in den Raum „hineinfließen" sollte.

Die Fassadenbasis ist eine in einem dun-kelgrauen Glimmerton gehaltene Pfos-ten-Riegel-Konstruktion mit festver-glasten und öffenbaren Elementen. Im Erdgeschoss findet man eine schaufens-terartige, polygonale Festverglasung mit gebogenen Elementen vor. Den größten Flächenanteil mit ca. 550 m² bildet die Textilfassade (3). Das Gewebe wurde mit Deichmann-Schriftzügen und -Logos bedruckt (4) und auf Alurahmen eines ita-lienischen Fassadensystems im Format von ca. 1,25 x 3,60 m gespannt.

Die Fabrikationsdetails für die gebogenen und die flachen Fassadenelemente sind ähnlich, Gleiches gilt für die Befestigun-gen. Auf Höhe der Deckenzonen zwischen den Geschossen werden die Membranflä-chen von Keramikpaneelen (5) abgelöst, die auch an den geschlossenen Wandflä-chen im Übergang zu den Nachbargebäu-den zu finden sind.

Eine große Herausforderung für die Pla-nung lag in der Entwicklung eines Kon-zepts für die Corporate Architecture, das der Auftraggeber auch als Leitbild für Geschäfte an anderen Standorten ver-wenden kann. Hierzu sollte das Marken-bild architektonisch in einer Weise gestal-tet werden, die ohne Leuchtkästen oder „aufgepfropfte" Logos auskam, welche die homogene Ästhetik der Fassade zer-gliedert hätten. Die Textilfassade erfüllte diese Anforderung mit einer gestalterisch hochwertigen und zugleich kostengüns-tigen Lösung. **rp und ws**

1 – Elegante Transparenz der Fassade zum Limbecker Platz in Essen, Deutschland.

2 – Optimierung der Nutzfläche durch eine gekrümmte Fassade.

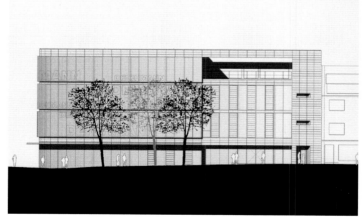

3 – Im Aufriss wird die Aufteilung der Fassade in Textilmembranflächen,
Verglasungen und Keramikpaneele sichtbar.

4 – Digitale Bedruckung des Textils mit dem Firmennamen.

5 – Rechteckige Keramikpaneele markieren die Geschossdecken.

6 – Detail der Halterung: Jeweils zwei flache Paneele sind an einer vertikalen Sprosse befestigt.

DEUTSCHER PAVILLON „BALANCITY" AUF DER EXPO 2010 SHANGHAI

Standort:
Shanghai, China
Gebäudetyp:
EXPO-Pavillon
Bauherr: Bundesministerium für Wirtschaft und Technologie
Organisation/Durchführung: Koelnmesse International GmbH, Köln, Deutschland
Architekten/Generalplanung: Schmidhuber + Kaindl GmbH, München, Deutschland
Konzept, Fabrikation und Installation:
TAIYO KOGYO China

Medien- und Ausstellungsdesign: Milla und Partner GmbH, Stuttgart, Deutschland
Generalunternehmer:
Nüssli Deutschland GmbH, Roth, Deutschland
Membran:
Polyester-Netzgewebe mit speziell formulierter Vinylbeschichtung, zu 100 % recycelbar
Membranfläche:
12.000 m²
Fertigstellung: 2010

Der Entwurf „balancity" (1) des Münchner Architekturbüros Schmidhuber + Kaindl präsentiert sich als deutsche Antwort auf das Thema der EXPO 2010 „Better City, Better Life" – eine Stadt in Balance zwischen Innovation und Tradition, Urbanität und Natur, Globalisierung und nationaler Identität. Das zentrale Thema der EXPO drückt der Pavillon (2) schon auf den ersten Blick anschaulich aus: Durch den Balanceakt von instabilen Baukörpern, die sich gegenseitig im Gleichgewicht halten.

Schmidhuber + Kaindl setzten bei der Gestaltung des Pavillons auf einen ausdrucksstarken skulpturalen Charakter des Gebäudekörpers (4). Dieser sollte mittels Transparenz und lichtdurchfluteter Räume Offenheit, Leichtigkeit und Flexibilität kommunizieren. Als Material, das diesen Aspekt am nachhaltigsten unterstützt, wurde ein Textilfassadengewebe ausgewählt, das sich flexibel wie eine Haut über den Baukörper spannt.

Ein zentrales Leitthema des Entwurfs war kontinuierliche Veränderung. Dies zeigt die Eigenschaft des silbernen Textilfassadengewebes, in verschiedenen Lichtsituationen immer wieder anders erlebbar zu sein: z.B. während des Sonnenaufgangs als in rötliches Licht getauchte Skulptur, als silberner Kristall bei hartem Tageslicht (9) oder in der nächtlichen Lichtinszenierung mit starken Kontrasten zwischen der silbrigen textilen Gebäudehülle und dem reflektierten indirekten Licht auf den Grasflächen (8).

Ein weiteres Leitthema des Entwurfs war die Auflösung der Grenzen zwischen innen und außen. Dies zeigt sich u.a. in der VIP-Lounge, wo sich die Wand aus der Außenfassade heraus entwickelt, in den Tunnel übergeht, zum Handlauf der Treppe wird und sich schließlich wieder innerhalb des großen Körpers verliert (3).

Eine zusätzliche gestalterische Dimension tritt durch die Transparenz des Gewebes zutage, was besonders beim Gang durch das Innere der Gebäudeskulptur offensichtlich wird: Während die geneigten Flächen opak sind, geben senkrechte Flächen den Blick nach außen frei (6). Der Beobachter bekommt so – je nach Standpunkt – immer wieder einen anderen Eindruck und Blickwinkel.

Ein weiterer wichtiger Faktor für die Entscheidungsfindung zugunsten der Textilfassade war das vorgeschlagene Recycling am Ende der EXPO. Hierzu wurden die vorbereitenden Arbeiten 2011 abgeschlossen. Unter der Aufsicht des Generalunternehmers wurde die komplette Fassade 2011 zurückgebaut (7). Während ein Teil des Gewebes eine Zweitverwertung innerhalb der Deutschen Schule in Shanghai erhielt, werden voraussichtlich 11.000 m² dem kontrollierten Recycling zugeführt. Hierzu werden die Textilfassadenelemente zunächst von textilfremden Teilen wie Metallseilen, Ösen und Kedern befreit und vorsortiert. Abschließend könnte dann eine kompakte Verpackung auf Paletten zum Transport per Container in die Texyloop-Recyclinganlage des Gewebeherstellers in Ferrara erfolgen. Hier wird das Gewebe einer 100 %-igen Wiederverwertung zugeführt: 70 % werden zu PVC-Granulat und 30 % zu Polyesterfasern verarbeitet – Rohstoffe für vielfältige neue Produkte.

rp und ws

1 – Der Pavillon „balancity".

2 – Ungleiche Elemente elegant in Balance gebracht.

3 – Die äußere Membran wird zum Innenraum.

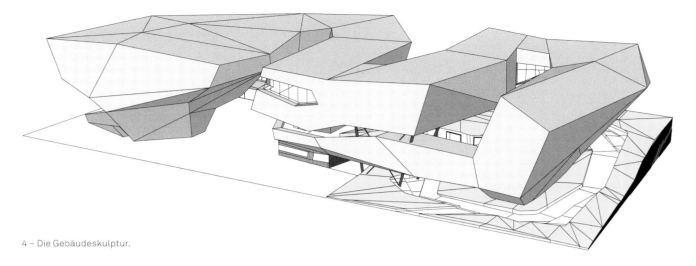

4 – Die Gebäudeskulptur.

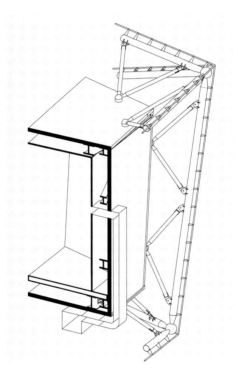

6 – Imposante Ausblicke in die Umgebung dank hoher Transparenz nach außen.

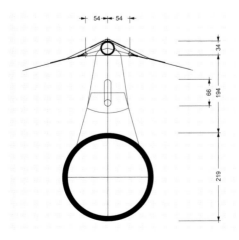

5 – Befestigungsdetails Fassadenpaneel.

7 – Deinstallation der Membranelemente für das Recycling.

8 – Das Gewebe erzeugt starke Kontraste.

9 – Bei Tageslicht gleicht das Gebäude einem silbernen Kristall.

KERAMIKLAND SHOWROOM UND BÜROGEBÄUDE

Standort:
Cham, Schweiz
Gebäudetyp: Dreige-
schossiges Gebäude
Bauherr:
Keramikland AG
Architekt: Hans
Schwegler Dipl. Archi-
tekt HTL/STV, Ufhusen,
Schweiz
Fassadenplanung und
-bau: HP Gasser AG,
Lungern, Schweiz
Membrankonfektionie-
rung: Mehotex,
Burgdorf, Schweiz

Membrantyp:
Bekleidung: Hochfestes
Glasfaser-Netzgewebe
mit PTFE-Beschichtung
Abdichtung: diffusions-
offene Compositmem-
bran auf Basis eines
Polyester-/Glasvlieses
mit Polyacrylat-
Beschichtung
Membranfläche:
1.073 m²
Fertigstellung:
2011

Keramikland ist ein Handelshaus und Inneneinrichter für hochwertige Bäder und Sanitärprodukte. Für den neuen Showroom des Unternehmens in der Zentralschweiz sollte ein ehemaliger Servicestützpunkt eines Unternehmens für Heiztechnik umgebaut werden.

Ausgangspunkt war ein inhomogener Gebäudekomplex aus Hochregallager, Empfang, Kundendienst- und Werkstattbereich sowie Büroflächen. Der Architekt war mit unterschiedlichen Höhen- und Geschossniveaus der Gebäudeteile konfrontiert. Eine zusätzliche Herausforderung bestand in der Integration verschiedenster Fenstersituationen: Während im Hochregallagerbereich keine vorhanden waren, sah man sich im Werkstattbereich großformatigen Fensterflächen, bei den Büros Fensterbändern gegenüber.

Die zentrale Anforderung des Bauherrn war eine innovative Fassade mit sehr repräsentativem Charakter. Basis des Gebäudekonzepts war zunächst eine Aufstockung im Büro- und Servicebereich, um einen quaderförmigen Baukörper zu erhalten. Um eine homogene Fassadengestaltung zu erreichen, setzte der Architekt Hans Schwegler eine doppelhäutige Membranlösung ein, die als transparente Außenbekleidung über die Fensterflächen gezogen wurde. So entstand ein monolithischer Baukörper mit einem Textilkleid in edlem Schwarz, das nur durch einen kontrastierenden Eingangsbereich – mit weißer Umrandung und damit hoher Aufmerksamkeit sowie dem Schriftzug des Firmennamens – unterbrochen wird (1).

Ein großer Vorteil des Textilgewebes, das für die Außenbekleidung eingesetzt wurde, ist seine Fähigkeit, den geforderten Grad an natürlichem Lichteinfall durch die bestehenden Fenster zu gewährleisten. Seine hohe Transparenz sorgt dabei gleichzeitig für einen hohen visuellen Komfort für die Mitarbeiter in den Büros (3) und gute natürliche Beleuchtung der Ausstellungsflächen. Während die Textilfassade im Sommer als Sonnen- und Blendschutz fungiert, ist auch bei bewölktem Himmel eine hohe Lichttransmission in das Gebäude gewährleistet. Ein besonderer Effekt durch die Transparenz entsteht auch bei künstlicher Beleuchtung im Innenraum: Während der Gebäudekörper bei Tag einen monolithischen Charakter besitzt, werden durch die Durchlässigkeit des Gewebes in der Nacht die verschieden großen Fenster zu „Laternen", die ein stimmungsvolles Bild erzeugen.

Aufgrund besonderer regionaler Brandschutzanforderungen der Gebäudeversicherung wurde ein nicht-brennbares Glasfaser-Compositgewebe mit PTFE-Beschichtung als Außenbekleidung eingesetzt, in Kombination mit einer diffusionsoffenen Abdichtungsmembran bestehend aus einem Polyester-/Glasvlies mit Polyacrylat-Beschichtung. Diese doppelhäutige Lösung reduziert den Energieaufwand für die Klimatechnik innerhalb des Gebäudes: Damit sich die Fassade nicht zu stark aufheizt, wird die erwärmte Luft im Zwischenraum der Hinterlüftungsebene nach oben abgeführt. Damit liefert die innere, diffusionsoffene Membran einen wertvollen Beitrag für die Gesamtlösung.

Auf die Unterkonstruktion verschraubte man feuerverzinkte und mit einer schwarzen Farbbeschichtung versehene Konsolen, die mit der inneren, diffusionsoffenen Membran bekleidet wurden und die Aluminiumprofile für die Fassadenbespannung tragen. Die Befestigungskomponenten für die Außenbekleidung (4) wurden vom Fassadenbauer maßgeschneidert für dieses Projekt entwickelt. Über ein Edelstahlseil wird dabei das Compositgewebe in der Kederschiene verankert und kann für die abschließende Spannung mittels Edelstahlschrauben nachjustiert werden.

Die doppelhäutige Membranlösung machte es dem Architekten möglich, die Ziele des Bauherrn mit einer Fassadenbekleidung zu erreichen, die erfolgreich die bisherigen inhomogenen Gebäudeelemente zusammenfasst und eine gelungene Renovierungslösung schafft, die diesem ursprünglichen Industriebau neues Leben einhaucht und ihm zudem Aufmerksamkeit sichert (2). **rp und ws**

1 – Die Textilfassade erzeugt einen schwarzen monolithischen Gebäudekörper, der durch die weiß gehaltenen Eingangselemente und Beschriftung kontrastiert wird.

2 – Eine architektonische Fassadenlösung in Textil, die ins Auge fällt.

3 – Hoher visueller Komfort für die Mitarbeiter im Büro.

4 – Aluminiumprofilsystem für die Befestigung und Spannung der Außenbekleidung:
a: PTFE-beschichtetes Glasfasergewebe
b: Edelstahlseil in eingearbeiteter Gewebetasche
c: Spannschraube aus Edelstahl
d: Kederschiene aus Aluminium
e: Aluminiumprofilrahmen

SEDE iGUZZINI ILLUMINAZIONE ESPAÑA

Standort:
Barcelona, Spanien
Gebäudetyp:
Viergeschossiges
Bürogebäude
Bauherr: iGuzzini
Illuminazione España
Architekten:
MiAS Architects,
Barcelona

Ingenieursleistungen/
Herstellung und Ins-
tallation: Iaso, Lleida,
Spanien
Membrantyp:
Polyester-Netzgewebe
mit speziell formulier-
ter Vinylbeschichtung
Membranfläche:
1.600 m²
Fertigstellung: 2010

Angesiedelt an einem der Verkehrsdrehkreuze Barcelonas, erwies sich die Entwicklung der neuen spanischen Firmenzentrale des Leuchtenherstellers iGuzzini als äußerst anspruchsvolle Aufgabe. Der belebten und industriell geprägten Struktur des Standorts setzte das Architekturbüro MiAS eine auffällige kugelförmige Gebäudeskulptur entgegen. Das Gebäude erhebt sich aus einer Betonplattform; die Aktivitäten im Innenbereich werden von einer Membran abgeschirmt (8).

Basiskonstruktion ist eine vasenförmige Stahlskelettkonstruktion, die vier Ebenen mit Büroflächen trägt, die als ringförmiger Stapel übereinander angeordnet sind. Als zweite Gebäudehaut wird die Südfassade von einem Hightech-Compositgewebe eingehüllt, das für das Gebäude zum einen einen Wärmeschutz darstellt, zum anderen dessen charakteristische Form definiert. Das zentrale Stahlskelett dient auch als Lichtschacht für die Arbeitsbereiche im Innenraum und sorgt für ein faszinierendes Nebeneinander von künstlichem und natürlichem Licht.

Neben der Ausbildung der Gebäudeform bedeutete die Umsetzung einer geschosshohen Rundumverglasung auf allen Ebenen eine besondere Anforderung. Diesem wurde Rechnung getragen, indem man eine weitere, transparente Gebäudehülle hinzufügte, die für das Gebäude nicht nur eine gestalterische Aufwertung bedeutete, sondern auch die Wirtschaftlichkeit verbesserte, was zum Großteil dem enormen Leistungsspektrum des Compositmaterials zu verdanken ist, das auf einem offenen Polyestergewebe basiert. Darauf wurde beidseitig eine speziell formulierte Vinylbeschichtung mittels des Précontraint-Verfahrens aufgetragen, bei dem das Gewebe von allen vier Seiten (Kett- und Schussrichtung) vorgespannt wird. Daraus resultieren eine hohe Dimensionsstabilität und ein hoher Selbstreinigungscharakter mit Wartungsintervallen von ca. 25 bis 30 Jahren. Seine offene Struktur sorgt für eine enorme Transparenz, stellt Tageslichtverhältnisse her, schützt gleichzeitig aber auch die innere Verglasungsebene der Fassade vor einer zu hohen Wärmeeinstrahlung (1). So entsteht mit dem zusätzlichen Schutz vor Wind und Regen eine Pufferzone zwischen Gebäudehülle und Witterungseinflüssen. Die Membranlösung dient hier als Mittel zur Reduzierung von Klimatechnik und, in Kombination mit dem zentralen Lichtschacht, von künstlicher Beleuchtung. Zwei entscheidende Faktoren für den Komfort seiner Bewohner.

Die Compositmembran bekleidet die gesamte Südfassade, läuft jedoch im Norden aus und deckt die innere Gebäudehülle auf (2). Ein Schlüsselfaktor für dieses Projekt war die hohe Präzision in der Fertigung und Installation der Membran. Dies wurde möglich durch die hohe Dimensionsstabilität des Compositmaterials. Unterkonstruktion und Membran wurden auf Basis von computergestützter Planung und eines 3D-Modellings entwickelt, um gleichermaßen die Schnittmuster der Gewebeelemente und die Positionierung der Knotenpunkte für die Membranbefestigung zu definieren. Die Teilelemente wurden mit größter Präzision gefertigt und vorkonfektioniert, wobei man Hochfrequenz-Schweißmaschinen einsetzte (9). Die Befestigungselemente für die Membran bestehen aus zweiteiligen verschraubten Metallscheiben, in die diese eingeschoben und eingespannt werden (5). Diese wiederum sind an multifunktionalen Verankerungspunkten aus Metall fixiert, die über Dreiecksstreben die Verbindung zu den rechteckigen Stahlrohrsegmenten herstellen, was an eine geodätische Kuppel erinnert (6). Das daraus resultierende Netzwerk bildet die membrantragende Unterkonstruktion. Die zentrale Schraubenfixierung innerhalb des Membranbefestigungssystems erlaubt nach der ursprünglichen Fixierung eine entsprechende Nachspannung (7, 10). Die multifunktionalen Verankerungsknoten sind an zehn vertikalen Stahlrohrrahmen verschraubt, welche um die innere Fassade des Gebäudes angeordnet sind (3). Die Compositmembran nimmt dabei die Geometrie der Elemente auf und verleiht der Fassade ein besonders dynamisches Aussehen mittels einer diagonalen, streifenförmigen Gestaltung aus verschiedenen Silber- und Grautönen.

Die Fassadenlösung mit einer Compositmembran verleiht dem Gebäude ein aufsehenerregendes Aussehen und verbessert zugleich die Effizienz der Licht- und Klimaverhältnisse, wobei die Gebäudenutzer von einem hohen Maß an Komfort, einem freien Blick auf die Umgebung und einem attraktiven Gebäude profitieren (4). **rp und ws**

1 – Eine Membran für eine substanzielle Verringerung des Licht- und Wärmeeintrags.

2 – Die Membran öffnet sich zur Nordseite und deckt dabei die Glasfassade auf.

3 – Der Stahlrohrrahmen stützt die Unterkonstruktion für die Membran.

4 – Hoher visueller Komfort kombiniert mit ausgezeichnetem Blendschutz.

5 – Ringförmige Elemente zur Membranbefestigung.

6 – Die in Dreiecken ausgebildete Streben-Unterkonstruktion wartet auf die Montage der Membran.

7 – Zu Beginn wird die Membran positioniert und befestigt.

8 – Textile Architektur als moderne Skulptur.

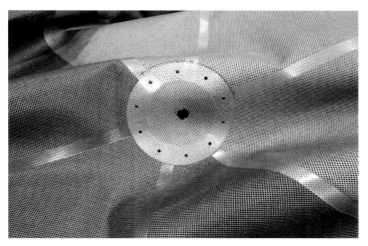

9 – Präziser Zuschnitt und Verschweißung waren entscheidende
Elemente für die Konfektionierung der Membran.

10 – Die Membran nach der Verspannung.

SONNENSCHUTZ

RIFFA-VIEWS-PROJEKT

Standort:
Manama, Bahrain
Bauwerk: Schwimm-
badüberdachung und
Sonnenschutz der
Fassade
Bauherr: Riffa Views
International School
Architekt/Ingenieure:
Mohamed Salahuddin
Consulting Engineering
Bureau, Architects and
Engineers, MSCEB,
Manama

Auftragnehmer, Her-
steller und Installateur:
Gulf Shade, Manama
Membrantyp: Lockeres
Polyestergewebe mit
speziell formulierter
Vinylbeschichtung und
Acryllackierung
Membranfläche:
2.300 m²
Fertigstellung:
2009

Der textile Sonnenschutz über dem Schwimmbadbereich der Riffa Views International School in Bahrain erfüllt die zentrale Vorgabe für das Projekt: Schwimmer sollten vor dem intensiven Sonnenlicht geschützt werden, ohne dass der Charakter eines Freibads verloren geht (2). Außerdem wurde das Membrankonzept für den Sonnenschutz der Gebäudefassade wiederholt (1).

Eine Überdachung aus einer Textilmembran eignete sich perfekt für die Geometrie des Standorts. Der 45 x 35 m große Schwimmbadbereich grenzt an zwei Seiten an das Schulgebäude, die beiden anderen Seiten werden durch eine Stahlbetonwand geschützt. Das Schulgebäude bietet der Überdachung Verankerungsmöglichkeiten auf der einen Seite. Die gegenüberliegende Seite wird über Eckplatten an Stahlmasten verankert, die, als netzförmiger A-Rahmen angeordnet, an der Stahlbetonwand befestigt sind und von dieser gestützt werden. Dieses Stahltragwerk umfasst acht Membranbefestigungspunkte an Mastspitzen,

wobei sich die verbleibenden Befestigungspunkte am Hauptgebäude befinden (3). Die Membranpaneele der Fassade werden aus Gründen der Kontinuität an vergleichbaren A-Stahlrahmen befestigt (1).

Das gewählte Gewebe besteht aus grobmaschigen beschichteten Polyesterfasern und hat ein Gewicht von 820 g/m². Das Material wurde aufgrund seiner hohen Beständigkeit gegen Sonnenstrahlung und seiner Recyclingfähigkeit gewählt. Die voraussichtliche Lebensdauer beträgt über zehn Jahre. Vor dem Zuschnitt wurden biaxiale Tests durchgeführt, um die für diesen Gewebetyp erforderliche Kompensation zu ermitteln, die ein wichtiger Faktor für die Bestimmung der Dehnung des Gewebes durch die Vorspannung ist.

Der Zuschnitt, der nicht nur das Aussehen der fertigen Konstruktion beeinflusst, sondern auch den Abfall bei der Herstellung der Gewebestreifen reduzieren kann, wurde sorgfältig geplant. In diesem Fall

war es am günstigsten, die einzelnen Membranstreifen rechtwinklig zur Länge der Überdachung auszurichten.

Der Membranentwurf wurde durch die Verwendung einer spezifischen Software für auf Zug beanspruchte Konstruktionen in 3D erstellt (4). Auswahlkriterien für die Form waren Eleganz, Gestalt und Wölbung.

Die auf die Membran wirkende Last wurde unter der Annahme einer typischen Windgeschwindigkeit von 40 m/s berechnet, die statische Berechnung erfolgte entsprechend. Um die Stabilität der Konstruktion zu überprüfen, wurden mehrere Windlastszenarien modelliert. Das Ergebnis der statischen Berechnung ging dann in den Entwurf und die Dimensionierung der Membranseile und Befestigungen sowie der stützenden Stahlmasten und Verstrebungen ein. Passend zu den einzelnen Befestigungsstellen wurden eine Reihe von Seilecken gefertigt (5). rp

1 – Sonnenschutz an der Fassade.

2 – Überdachung für Schwimmbecken.

3 – Überdachung und Tragwerk.

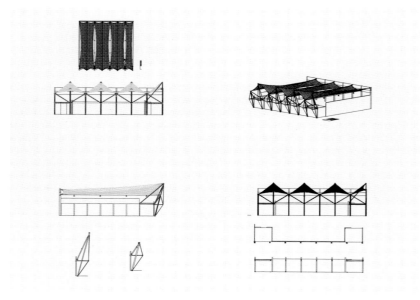

4 – Entwurfszeichnungen

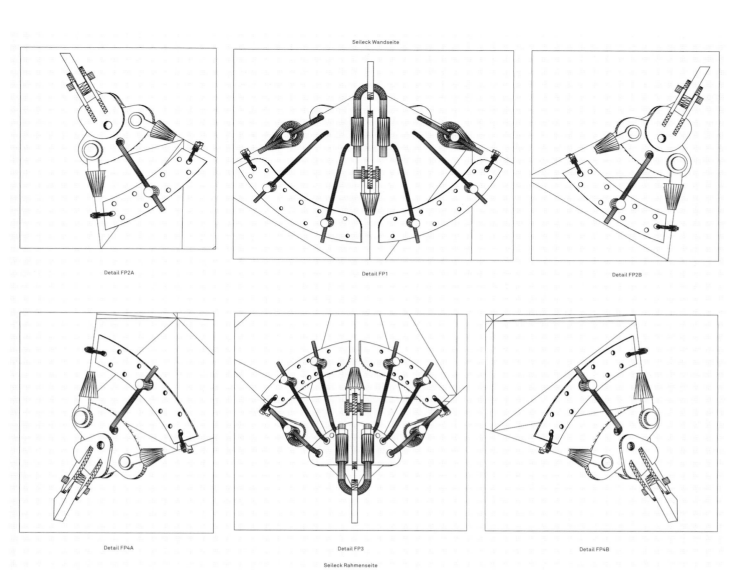

Seileck Wandseite

Detail FP2A

Detail FP1

Detail FP2B

Detail FP4A

Detail FP3

Detail FP4B

Seileck Rahmenseite

5 – Seilecke.

6 – Gesamtansicht der textilen Überdachung und ihre Einfügung in den Schulkomplex.

SONNENSCHUTZ-VORRICHTUNG INNERHALB EINES HOFES

Standort:
Riad, Saudi-Arabien
Bauherr:
Saad Ben Laden
Architekt/Ingenieur:
Ali Smaili, König-Saud-
Universität, Riad
Ingenieurbüro, Mem-
bran: Société Libanaise
des Industries Réunies
(SLIR), Libanon und
Saudi-Arabien
Membran:
Polyestergewebe
mit PVDF-
Beschichtung
Membranfläche:
125 m²
Fertigstellung:
2009

Aufgrund der historischen Bedeutung nomadischer Zeltstrukturen in der Wüste finden zeitgenössische Membranstrukturen in der Kultur Saudi-Arabiens schnell einen Platz. Bei dem vorliegenden Projekt handelt es sich um eine moderne Sonnenschutzlösung, die im Hof eines Privathauses in Riad umgesetzt wurde. Das intensive Sonnenlicht und die hohen Temperaturen in Saudi-Arabien stellen besondere Anforderungen an Konstruktion und Material, denn Sonnenstrahlen sind nicht nur schädlich für die menschliche Haut, sie können auch eine textile Membran angreifen.

Im Hinblick auf die architektonische Lösung ist die gewählte Form simpel. Über dem zentralen beschatteten Bereich wurden drei horizontale Segel miteinander verknüpft, wobei jede Membranfläche ein flaches hyperbolisches Paraboloid bildet (1, 2). Die Segel sind horizontal angeordnet und überlappen sich teilweise. Mit wechselndem Sonnenstand im Tagesverlauf ändert sich das Schattenmuster und bietet zur heißesten Tageszeit den größten Schutz. Die Segel sind so ausgerichtet, dass Luftströme gebündelt und in den beschatteten Bereich geleitet werden. Die Form ist einfach, aber ihre Umsetzung in diesem Membrandach bietet einen eleganten und effizienten Sonnenschutz. Am anderen Ende des Hofs befindet sich ein vergleichbares Membrandach als Sonnenschutz über dem Hauseingang.

Das Gewebe der Segel (5) wurde aufgrund seiner Beständigkeit auch unter extremen Witterungsbedingungen ausgewählt. Die Polyesterfasern der Textilie wurden mit dem patentierten Précontraint-Verfahren hergestellt, das eine außergewöhnliche UV-Stabilität ermöglicht. Die Textilie erhält eine stark konzentrierte Polyvinylidenfluorid (PVDF)-Oberflächenbehandlung, die langfristig eine optimale Reinigung ermöglicht und damit die Wartungskosten für den Eigentümer reduziert. Außerdem ist sie zu 100 % recyclingfähig, was im Hinblick auf moderne Umweltschutzansprüche ein wichtiger Faktor ist.

In bautechnischer Hinsicht wurden für die Ausführung folgende Lasten berücksichtigt: die Vorspannung der Membran, die Windlast und die Sandlast. Die Seilecke, die Randseile und ihre Befestigungen wurden aus Edelstahl hergestellt (4).

Die Verankerungen an der Wand (3) umfassen Grundplatten aus verzinktem Stahl. Nach der Verschraubung am Mauerwerk werden die Plattenbefestigungen mit einer dekorativen Edelstahlplatte abgedeckt. Nachdem Kosten, Haltbarkeit und Ästhetik gegeneinander abgewägt wurden, fiel die Wahl auf Verankerungen aus Stahl. Aufgrund des sehr trockenen Klimas in Riad ist das Rostrisiko gering. Die Verankerungen wurden mit Standardwerkzeug und -zugangsgeräten befestigt. Anschließend konnte die Membran von einem Fachinstallateur in kurzer Zeit angebracht und gespannt werden. **rp**

1 – Sonnenschutz und Schatten.

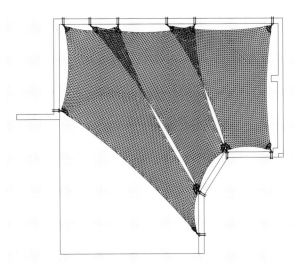

2 – Draufsicht auf die Segel.

3 – Verankerung der Segel an der Hauswand.

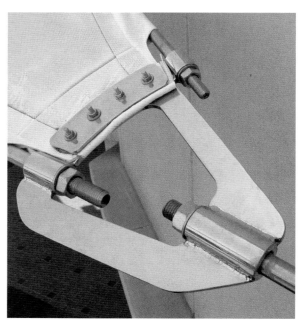

4 – Seileck und Verankerungsdetail.

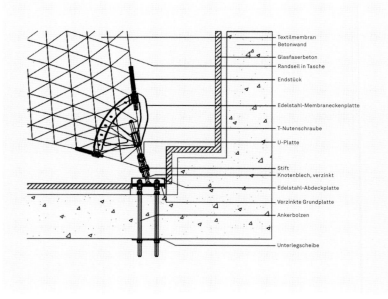

Textilmembran
Betonwand
Glasfaserbeton
Randseil in Tasche
Endstück
Edelstahl-Membraneckenplatte
T-Nutenschraube
U-Platte
Stift
Knotenblech, verzinkt
Edelstahl-Abdeckplatte
Verzinkte Grundplatte
Ankerbolzen
Unterlegscheibe

5 – Die Textilie der Segel ist aggressiver UV-Strahlung ausgesetzt.

BÜROGEBÄUDE

Standort:
Basel, Schweiz
Gebäudetyp:
Fünfgeschossiges
Bürogebäude
Bauherr: Novartis
Pharma AG
Architekten: Gehry
Partners, LLP, Los
Angeles, USA
Gesamtleitung/
Projektmanagement:
ANW Arcoplan /
Nissen & Wentzlaff
Generalplaner, Basel
Klimakonzept:
Transsolar, München,
Deutschland

Ingenieursleistungen,
Herstellung und Ins-
tallation der Sonnen-
schutzanlagen:
clauss markisen
Projekt GmbH,
Bissingen-Ochsen-
wang, Deutschland
Membrantyp:
Polyester-Netzgewebe
mit Vinylbeschichtung
und LowE-Behandlung
Membranfläche:
4.850 m²
Fertigstellung:
2010

Das von Gehry Partners, LLP entworfene Bürogebäude mit Auditorium ist vom typischen dekonstruktivistischen Formenspiel des Architekten geprägt. Es hebt sich heraus durch seine ineinanderfließenden, freien Formen sowie durch eine opulente Transparenz und Offenheit (1). Das Gebäude wurde als Glasskulptur gestaltet, die aus ineinander verschachtelten Körpern eine sich zusammenfügende Fassade bildet. Dies bedeutete große Herausforderungen nicht nur für die Konstruktion der Sonnenschutzanlagen aufgrund der vollkommen frei geformten Winkel und Linienverläufe, sondern daraus ergaben sich zugleich hohe Anforderungen an das Textilgewebe: Neben riesigen Formaten und äußerst diffizilen Formen musste auch ein umfassendes technisches Leistungsspektrum wie z.B. LowE (Low Emissivity) erfüllt werden.

Die gesamte Verschattung der komplexen, polygonalen Gebäudehülle wurde mittels innen liegender Sonnenschutzscreens in drei Grundgeometrien gelöst: Dreieck, Rechteck und Trapez. Hierzu entrollen sich die textilen Sonnenschutzelemente aus gegenüberliegenden Gegenzuganlagen und bilden so einen durchgängigen Sonnenschutzscreen (2-4).

Zur Verschattung der unterschiedlichen Fassadenverläufe mussten dabei für jede der 412 Anlagen individuelle Bewegungskonsolen und Behänge geplant werden (5).

Eine nachhaltige Entwicklung war dabei die Hauptlosung für den Entwurf: Das Klimakonzept ist ein intelligent austariertes Zusammenspiel verschiedener Elemente. Die äußere Fassade besteht aus einer dreifachen Isolierverglasung mit entsprechender Beschichtung im Zusammenspiel mit einer integrierten Entlüftung. Das innen liegende Sonnenschutzsystem sorgt für einen wirksamen Blendschutz, ist trotzdem transparent und mit einer LowE-Beschichtung ausgerüstet. Sogar der Dachbereich spielt eine besondere Rolle durch die Integration von Solarpaneelen zur Produktion von Strom und zusätzlicher Verschattung und von wassergekühlten weißen Lamellen, die das Sonnenlicht diffundieren und so die Wärmebelastung reduzieren.

Neben der Anforderung an das Sonnenschutzgewebe, eine Reflexion von 57 % und eine Lichttransmission von 22 % zu erfüllen, ist es mit einer LowE-Beschichtung mit einem Emissionsgrad von maximal 0,48 ausgerüstet. Sobald der solare Energieeintrag auf das Sonnenschutzgewebe trifft, wird er teilweise reflektiert, teilweise aber auch vom Material aufgenommen. Die sich daraus ergebende erhebliche Erwärmung wird in der ganzen Fläche über zwei Wege abgegeben: zum einen konvektiv über die erwärmte Luft und zum anderen durch Strahlung. Da die Screens durch die zusätzliche Neigung der Fassadenflächen deutlich erwärmt werden, unterdrückt LowE diesen Strahlungseffekt. In der Kombination von dreifacher Isolierverglasung und Sonnenschutzsystem entsteht so eine Fassade mit hohem thermischen Wirkungsgrad, was einen entscheidenden Effekt auf den Klimakomfort im Gebäude hat.

Neben den entsprechenden Brandschutzeigenschaften musste das Gewebe einen in der Gesamtheit sehr anspruchsvollen Leistungskatalog für den Einsatz als Sonnenschutzscreens erfüllen. Damit macht dieses Gebäude ein weiteres Mal sehr anschaulich, welche Vielfalt in textilen Lösungen steckt. In perfektem Zusammenspiel mit der Architektur des Gebäudes sorgt die Sonnenschutzlösung für eine hoch komfortables und effizientes Arbeitsambiente.

rp und ws

1 – Ausdrucksstarke, dekonstruktivistische Architektur: das von Gehry Partners LLP entworfene Bürogebäude in Basel.

2 – Sich verzahnende, ausfahrbare Screens sorgen für einen hohen Grad an Sonnenschutz.

3 – Das eingesetzte Material besitzt neben einer geringen Wärmeabstrahlung eine außerordentliche Transparenz und Dimensionsstabilität.

4 – Der innenliegende Sonnenschutz fügt sich nahtlos in die Architektur ein und sorgt für lichtdurchflutete Räume.

5 – Screens am Punkt der Zusammenführung mit Montagedetail.

DOLDER GRAND HOTEL

Standort:
Zürich, Schweiz
Gebäudetyp: Spa-Hotel
Bauherr:
Dolder Hotel AG
Architekten: Foster
+ Partners, Riverside
Three, London,
Großbritannien
Gesamtleitung/
Projektmanagement:
Itten + Brechbühl AG,
Zürich

Ingenieurleistungen,
Installation des Sonnenschutzes: Kästli &
Co. AG, Bern, Schweiz
Membrantyp:
Polyestergewebe mit
speziell formulierter
Vinylbeschichtung in
zwei verschiedenen
Webdichten
Membranfläche:
ca. 2.000 m²
Fertigstellung: 2008

Mit dem Entwurf für die Sanierung des berühmten Dolder Grand Hotels in Zürich schlägt Sir Norman Foster souverän eine Brücke zwischen Tradition und Moderne.

Kern seines Entwurfs war, dass er den Ursprungsbau wieder sorgfältig freigespielt und als zentrales Momentum positioniert hat. Die Handschrift von Foster + Partners kam vor allem in den Erweiterungen zum Tragen, die sich rund um den historischen Hauptbau gruppieren: ein in den Hang hineingebauter, eiförmiger Ballsaal, ein Gartengeschoss mit Restaurant und großzügigem Konferenzbereich, zwei organische Flügel, die das Ursprungsgebäude einbetten: der Golf Wing und der Spa Wing (1).

Aufgrund der exponierten Lage auf dem über Zürich thronenden Adlisberg, der Ausrichtung der Hauptachsen nach Süden sowie umfangreicher Denkmalschutzauflagen war auch ein sehr anspruchsvolles Sonnenschutzkonzept umzusetzen.

Die besondere Herausforderung bestand zunächst in der großen Vielfalt an geforderten Markisentypen: von verschiedensten Fallarm-, Ausstell- und Korbmarkisen (5, 6) bis hin zu Vertikalscreens (3). Schon aufgrund dieser Komplexität der Anforderungen und des Anspruchs hinsichtlich einer homogenen Farbgestaltung fiel die Wahl auf ein hochwertiges Sonnenschutzgewebe-Programm in zwei Webdichten, um je nach Einsatzort unterschiedliche Transparenzen zur Verfügung zu haben. So konnte der Architekt gewährleisten, dass die fulminante

Aussicht vom Hotel weiter gewahrt blieb. Die Gewebe wurden in der patentierten Précontraint-Technologie hergestellt, die nicht nur eine äußerst gleichmäßige Beschichtung garantiert, sondern auch eine sehr geringe Dicke des Materials ermöglicht, so dass die Rollladenkästen sehr kompakt und die Konstruktionen sehr filigran gehalten werden konnten.

Ein besonderes Charakteristikum der Fassadengestaltung ist die sogenannte Dolder-Nase. Sie dient als oberer Gebäudeabschluss in Form eines leicht auskragenden, markanten Dachrands, ist aber gleichzeitig mit den Sonnenschutzscreens bestückt, die zur Südterrasse hin beschatten. Hierzu ist das Sonnenschutzgewebe in einer Vertiefung des Abschlussprofils aus eloxiertem Aluminium befestigt, das beim Ausfahren die Markisenführung ähnlich einem Flugzeugflügel markiert. Nach dem Einfahren bildet das Abschlussprofil die Unterseite der charakteristischen Dolder-Nase. In der Detailplanung wurde hier ein sehr hoher Planungsaufwand betrieben, um den richtigen Kompromiss aus maximaler Beschattungsabdeckung, genügendem Abstand zwischen den Einzelmarkisen und der Nachbildung der Wellenform der Fassade zu finden (4).

Im Konferenzbereich wurden große Vertikalscreens im Format von 2 x 5 m umgesetzt (2). Aufgrund der exponierten Hanglage mussten diese auf Windgeschwindigkeiten von bis zu 60 km/h ausgelegt werden. Gerade hier stellte sich das ausgewählte Gewebe durch seine

extreme Reißfestigkeit und Dimensionsstabilität – Eigenschaften, die auf der patentierten Précontraint-Fertigungstechnologie beruhen – als bestens geeignet heraus. Gleichzeitig bot das Gewebe eine hervorragende Beschattungs- und Blendschutzleistung sowie hohe Transparenz nach außen. Zur Stabilisierung wurden zusätzlich Glasfaserstäbe horizontal eingearbeitet. Diese Lösung, die man aus der Bootssegelfertigung kennt, gewährleistet, dass die Screens dem Druck der hohen Windlasten standhalten können. Um ein möglichst homogenes Erscheinungsbild zu erreichen, wurde das gleiche Gewebe auch als Gartenschirmbespannung im Terrassenbereich eingesetzt.

Auf den Balkonen des neuen Spa und Golf Wings wurden ebenfalls Gelenkarmmarkisen, ähnlich der bereits erwähnten Konstruktion, eingesetzt (7). Das Abschlussprofil am Ende des Gelenkarms ist dabei nahtlos in die Fassade integriert. Diese Konstruktion gewährleistet zudem die nötige Steifigkeit, um den hohen Windgeschwindigkeiten standzuhalten, und erlaubt eine variable Weitengestaltung der Behänge, um dem konkaven und konvexen Bogenverlauf der Fassade zu folgen.

Das hohe Leistungsspektrum des ausgewählten Gewebes ermöglichte flexible Lösungsansätze für die anspruchsvolle Aufgabe, qualitativ hochwertige Sonnenschutzscreens innerhalb dieses Sanierungsprojekts zu realisieren. **rp und ws**

1 – Tradition trifft auf Moderne: die Golf-Wing-Erweiterung vor dem historischen Hauptgebäude.

2 – Die großformatigen Sonnenschutzscreens mussten sich ganz besonderen Herausforderungen stellen.

3 – Feststehende Ausstellmarkisen im Hofbereich.

4 – Eine äußerst exakte Planung sicherte den genauen Verlauf der Markisen-Wellenlinie zur Fassade.

5 – Ein enormes Spektrum an Markisenvarianten.

6 – Vertikalbeschattung in Kombination mit Ausstellmarkisen am Seitenflügel.

7 – Alternative Ansicht der ausfahrbaren Gelenkarmmarkisen.

8 – Vertikalscreens für die Beschattung im Terrassenbereich.

ZENTRUM PAUL KLEE

Standort:
Bern, Schweiz
Gebäudetyp:
Museum
Bauherr: Maurice E.
und Martha Müller
Foundation
Architekten:
Renzo Piano Building

Workshop, Paris,
und ARB Arbeits-
gruppe, Bern
Bauplanung:
Ove Arup & Partners,
B+S Ingenieure
Installationsbetrieb
Sonnenschutz:
Storama, Burgistein,
Schweiz

Membrantyp:
Polyestergewebe mit
speziell formulierter
Vinylbeschichtung
Membranfläche:
2.700 m²
Fertigstellung:
2006

Die ca. 4.000 Werke zählende Sammlung des Zentrums Paul Klee ist die weltweit größte ihrer Art mit Gemälden, Aquarellen und Zeichnungen aus allen Schaffensperioden des Künstlers. Neben der Präsentation dieser Werke liegt die zentrale Aufgabe darin, das künstlerische, pädagogische und theoretische Werk von Paul Klee zu erforschen und den Besuchern zu vermitteln.

Bei der Planung für das neue Zentrum Paul Klee stand für den Architekten Renzo Piano von Anfang an fest, dass dieser Künstler „einen zu weiten, zu großen Atem" hat, als dass er in ein „normales Gebäude" eingesperrt werden könnte. So widmete er dem „Poeten der Stille", so Piano, ein Museum, das eine gelassene Ruhe ausstrahlt.

Für die Vision seines eigenen Werks ließ sich Renzo Piano bei der ersten Begehung von der Umgebung inspirieren, wobei ihm die sanft geschwungenen Hügel und die Autobahn als Lebensader der Zivilisation als identitätsstiftende Merkmale des Ortes auffielen. Ausgehend von den Regeln des klassischen Bildaufbaus skizzierte Piano drei Hügel als Interpre-tation des umgebenden Geländes und ließ so das gesamte Areal zur Landschaftsskulptur werden. Der mittlere „Hügel" ist der Gemäldeausstellung des Berner Malers gewidmet, im „Nordhügel" befinden sich ein Mehrzweck-, ein Konzert- und Veranstaltungssaal sowie ein Kindermuseum, der „Südhügel" schließlich beherbergt ein Forschungszentrum (1).

Während von der Autobahn aus die spektakuläre Dachlinie für etwa zehn Sekunden sichtbar ist, kann man vom Park her kommend zunächst nicht klar erkennen, ob die drei geheimnisvollen Wellen künstlich oder doch natürlich sind. Steht man jedoch vor der Hauptfassade, werden die fulminanten Dimensionen offensichtlich: Bis zu 19 m hoch sind die „Hügel" am First (6), über 150 m zieht sich die Glasfront entlang der Autobahn.

Da im Zentrum Paul Klee hauptsächlich lichtempfindliche Werke gezeigt werden, die maximal einer Beleuchtungsstärke von 80 Lux ausgesetzt werden sollen, kam einem präzise zu kontrollierenden Lichteinfall und dem damit verbundenen Sonnenschutz eine ganz besondere Bedeutung zu. Was dies im Detail bedeutet, illustrieren folgende Vergleichswerte: An einem sonnigen Tag im Juli fallen ca. 100.000 Lux an, während es ein bewölkter Tag im März immer noch auf eine Lichtstärke von 10.000 Lux bringt. Eine gleichzeitige, allerdings gegenläufige Anforderung war, im Inneren eine besondere Atmosphäre aus Licht, Transparenz und Leichtigkeit entstehen zu lassen.

Um einen direkten Einfall von Zenitlicht zu verhindern, wird das Museum von der Westfassade aus beleuchtet (3), die mit motorbetriebenen, großformatigen Ausstellmarkisen versehen ist, die speziell für dieses Projekt entwickelt wurden (2). Die Sonnenschutzbehänge für die Vertikalscreens sind dabei zwischen zwei speziell entwickelten Konsolen aus Aluminiumguss (7) gespannt, welche vom Architekten entworfen und vom Installateur der Sonnenschutzanlagen umgesetzt wurden. Eine weitere Herausforderung resultierte aus den enormen Formaten der Vertikalscreens bis zu einer Höhe von 9 m. Aufgrund der exponierten Lage der Fassade wurden Windkanaltests durchgeführt, denen zufolge das Sonnenschutzsystem im Worst-Case-Szenario Windgeschwindigkeiten bis zu 180 km/h standhält.

Die umfangreiche Suche nach einem geeigneten Sonnenschutzmaterial konnte abgeschlossen werden, nachdem der Installationsbetrieb ein speziell formuliertes Gewebe mit Vinylbeschichtung präsentiert hatte, mit dem das gesamte geforderte Leistungsspektrum abgedeckt werden konnte. So reduziert das Gewebe die Lichttransmission bei gleichzeitig hoher Transparenz für die Sicht nach außen. Hergestellt mit der Précontraint-Technologie, überzeugte das Material weiter durch seine herausragende Formstabilität und war damit besonders prädestiniert für Großformate (4). Ein großer Pluspunkt war ebenfalls die Kombination aus geringer Dicke und Gewicht, was eine leichtere Dimensionierung der Metallkonstruktion und Kassetten und damit ein eleganteres und dezenteres Aussehen ermöglichte (5). Neben diesen technischen Merkmalen punktete das Sonnenschutzgewebe mit seiner breiten Palette an Farben und entsprach so exakt dem Farbkonzept des Architekten.

rp, ws und jv

1 – Das Museum, entworfen von Renzo Piano als Landschaftsskulptur.

2 – Detail einer Ausstellmarkise mit Motorantrieb.

205

3 – Komplexe Sonnenschutzkonstruktion mit Vertikalscreens und Ausstellmarkisen.

4 – Die enormen Formate und oft asymmetrischen Screenformen setzen eine besondere Dimensionsstabilität voraus.

5 – Dank geringer Materialdicke und -gewicht konnten die Markisenkassetten sehr kompakt gehalten werden.

6 – Die beeindruckende Fassade mit einer Höhe bis zu 19 m.

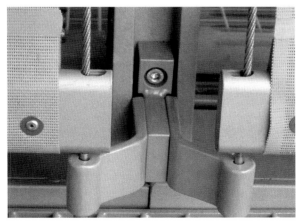

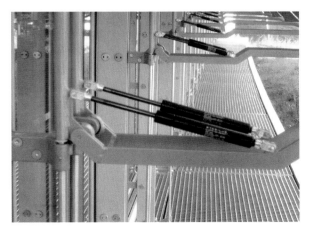

7 –Detail der Sonnenschutzscreens mit Seilführung und Konsolenbefestigung.

TEXTILIEN FÜR INNENRÄUME

SPORT- UND SCHWIMMBAD-KOMPLEX CHANTEREYNE

Standort: Cherbourg-Octeville, Frankreich
Bauwerk: Hallenbad
Bauherr: Stadt Cherbourg-Octeville
Architekten: Thierry Nabères Architectes (TNA), Paris, Frankreich, mit Bésuelle et Salley, Cherbourg
Hersteller: ACS production, Montoir de Bretagne, Frankreich

Membrantyp: Grobmaschiges Polyestergewebe mit speziell formulierter Vinylbeschichtung und Acryllackierung
Membranfläche: 1.400 m²
Fertigstellung: 2007

Der Sport- und Schwimmbadkomplex Chantereyne, der zwischen Hafen und Stadtzentrum eine zentrale Lage in der Stadt genießt, ist typisch für die Architektur der 1960er Jahre. 2004 wurde mit der Renovierung des Gebäudes aus Stahlbeton begonnen, wobei die Proportionen des ursprünglichen Gebäudes beibehalten und einige zeitgemäße Verbesserungen vorgenommen wurden. Die Projektpräsentation bezieht sich auf die Verwendung von Textilien für den Innenbereich der Hallendecke (1).

Da sich das Stahlbetonskelett des ursprünglichen Gebäudes (2) in gutem Zustand befand, wurde es beibehalten und vollständig renoviert.

Die Verwendung einer technischen Textilie für die Hallendecke harmoniert mit den sauberen modernen Texturen der übrigen Gebäudeoberflächen. Die gewählte Textilie ist ein grobmaschiges Polyestergewebe mit einer speziell formulierten Vinylbeschichtung sowie einer Acryllackierung. Aufgrund ihrer Materialeigenschaften, ihrer Formstabilität in feuchter und stark chloridhaltiger Umgebung und ihrer lockeren, die Luftzirkulation begünstigenden Struktur ist die Textilie für eine Verwendung in der für Hallenbäder typischen korrosiven Umgebung hervorragend geeignet.

Die alternierende Anordnung der Deckenmembranflächen in zwei Ebenen trägt mit den schalldämmenden Eigenschaften des Materials wesentlich zur Reduzierung der Halleffekte im Schwimmbad bei.

Dank der Renovierung der Stahlbetonstruktur konnte dieses Sechziger-Jahre-Gebäude erfolgreich in ein modernes, anregendes und einladendes lokales Sportzentrum verwandelt werden (3). Die Strategie der nachhaltigen Entwicklung fand dabei auf allen Ebenen und nicht zuletzt bei der Wahl der technischen Textilie für die neue Decke Anwendung; das gewählte Gewebe ist zu 100 % recyclingfähig. **rp**

1 – Textilien als Deckenlösung im Innenbereich.

2 – Ursprüngliches Stahlbetonskelett.

3 – Eine Verjüngungskur auf allen Ebenen.

HALLE FÜR KAMPFSPORT UND SCHACH

Standort: Gonfreville-l'Orcher, Frankreich
Bauwerk: Sport- und Festhalle
Bauherr: Stadt Gonfreville-l'Orcher
Architekten: Thierry Nabères Architectes (TNA), Paris, Frankreich
Ingenieurbüro, Membran: Interlignes Déco, La Chevrolière, Frankreich
Membrantyp: Grobmaschiges Polyestergewebe mit speziell formulierter Vinylbeschichtung und Acryllackierung
Membranfläche: 330 m²
Fertigstellung: 2007

Der Bau eines neuen Zentrums für Kampfsportarten und Schach führte zu einer einfallsreichen Verwendung von Textilien im Innenbereich. Die ruhige Ausstrahlung der herabhängenden Textilbahnen fördert die Stille, die Disziplin und die Konzentration, die für beide Aktivitäten erforderlich sind (1).

Das Zentrum wurde als ein neuer, dem Sport und der Entspannung gewidmeter „City-Block" mit Straßen, Plätzen und abgegrenzten Bereichen unterschiedlicher Größe konzipiert, die zwischen Fenstern und begrünten Wänden eine geschützte Landschaft im Innern definieren: eine Art Zukunftsquartier.

In diesem Gebäude sollten zwei Sportarten zusammengebracht werden, die wichtige gemeinsame Züge haben: Disziplin, Arbeit an sich selbst, Konzentration, Antizipation und Respekt für den Gegner sind sowohl für das Schachspiel als auch für den Kampfsport bezeichnend.

Die herabhängenden Textilbahnen dienen der Schalldämpfung; sie ergänzen tagsüber das Spiel von Licht und Schatten und verbessern die künstliche Beleuchtung bei Nacht.

Die ausgewählte Textilie ist ein grobmaschiges Polyestergewebe mit speziell formulierter Vinylbeschichtung und Acryllackierung. Verglichen mit herkömmlichen Deckengestaltungen war diese textile Lösung wirtschaftlich vertretbar. Aufgrund ihrer Transluzenz und der sich daraus ergebenden Lichtstreuung wurde sie zur bevorzugten Option. Ein weiterer Vorteil war, dass der Textilbehang problemlos innerhalb von zwei Wochen installiert werden konnte (2).

Die Qualität der Belichtung und die sorgfältige Wahl der Farben und Materialien verleihen diesem Ort eine warme und anregende Atmosphäre (3-5). **rp**

1 – Der weite Raum vermittelt eine Ruhe.

2 – Problemlose Installation.

3 – Licht und Schatten.

4 – Natürliche und künstliche Lichtstreuung.

5 – Licht und Beleuchtung.

WASSERSPORTZENTRUM KREMLIN-BICÊTRE

Standort: Kremlin-Bicêtre, Paris, Frankreich
Gebäudetyp: Wassersportzentrum
Auftraggeber: Gemeindeverwaltung Val de Bièvre
Architekt: Thierry Nabères Architectes (TNA), Paris
Ingenieurbüro, Membran: Interlignes Déco, La Chevrolière, Frankreich
Membrantyp: Lockeres Polyestergewebe mit speziell formulierter Vinylbeschichtung und Acryllackierung
Membranfläche: 2.200 m²
Fertigstellung: 2008

Bei diesem Projekt erhielten gespannte Textilien eine besondere Bedeutung und wurden auf zwei verschiedene Arten eingesetzt: in der Turnhalle, wo weit gespannte Textilstreifen horizontal platziert wurden, und über dem Schwimmbecken, wo vertikal gespannte Textilflächen unter verglasten Oberlichtern aufgehängt wurden, um den Lichteinfall zu gestalten. Diese vertikalen Baldachine (3) fangen das Sonnenlicht über die Oberlichter ein und verteilen es aufgrund ihrer 50%igen Perforierung auf beide Seiten: eine Anordnung, die eine hervorragende natürliche Beleuchtung ermöglicht (1).

Das Wassersportzentrum in Le Kremlin-Bicêtre wurde in den 1960er Jahren von den Architekten Henry-Pierre Maillard und Paul Ducamp gebaut und 1969 eingeweiht. Ziel war die Schaffung einer Art Kathedrale aus Stahlbeton, die zwischen städtischen Wohnhochhäusern eingebettet war. Lediglich die beiden Dachschrägen über dem Schwimmbecken erheben sich über den Boden. 1999 wurde das Schwimmbad aus hygienischen Gründen geschlossen, und es wurden Pläne für eine Renovierung erarbeitet.

Im Sinne der nachhaltigen Entwicklung sollte das vorhandene Gebäude eine neue Verkleidung erhalten und sollten wo immer möglich erneuerbare Ressourcen verwenden werden. Dabei wurden Materialien und Systeme bevorzugt, die die Umweltbelastung reduzieren, wie z. B. die Heizung des Schwimmbadwassers durch Erdwärme oder die Wasseraufbereitung mit Ozon anstelle von Chlor.

Die Einsatz technischer Textilien – hier ein grobmaschiges Polyestergewebe mit speziell formulierter Vinylbeschichtung und Acryllackierung – unterstützt diese Initiative, da das Material zu 100 % recyclingfähig ist und eine Verbesserung der Beleuchtung erzielt.

Die Textilbahnen wurden an Verankerungsschienen aus Metall aufgehängt und durch Stangen gespannt, die in den Saum am unteren Rand eingefügt wurden. Die Installation ging daher relativ schnell vonstatten (2).

Was die akustischen Eigenschaften anging, wurde auf die Auswahl von Materialien geachtet, die die für Schwimmbäder typischen Halleffekte dämpfen, eine Anforderung, die Textilien in besonderem Maße erfüllen.

Die richtige Auswahl der Materialien und Farben war entscheidend für die Beleuchtung und die Akustik der großen Volumen und bot eine gute Gelegenheit, die architektonischen Qualitäten des Gebäudes hervorzuheben.

Eines der wichtigsten Ziele in der Architektur ist eine optimale Beleuchtung. Der einfallsreiche Einsatz technischer Textilien bei dieser Renovierung hat die natürliche Beleuchtung der Innenräume und die Akustik des Gebäudes mit relativ einfachen Mitteln verbessert. Im Schwimmbadbereich wird die Lichtstreuung durch die Reflexion an der Wasseroberfläche und an den umgebenden Wänden unterstützt.

Die Qualität der Beleuchtung und die sorgfältige Auswahl von Farben und Materialien verleihen diesem Gebäude eine warme und anregende Atmosphäre (4). **rp**

1 – Verbesserte natürliche Beleuchtung.

2 – Beleuchtung des renovierten Schwimmbeckens.

3 – Sonnenschutz und Lichtstreuung.

4 – Ein Bad im Licht.

VERWALTUNGS-GEBÄUDE VHV-GRUPPE

Standort:
Hannover, Deutschland
Gebäudetyp:
Dreiteiliges Ensemble
mit mehrgeschossi-
gen Gebäuden um ein
Atrium
Bauherr: Hannoversche
Lebensversicherung AG
Architekten:
Architekten BKSP Gra-
bau Leiber Obermann
und Partner, Hannover
Generalunternehmer:
Investa Projektentwick-
lungs- und Verwaltungs

GmbH, München,
Deutschland
Membranengineering
und -installation:
Ellermann GmbH,
Rietberg, Deutschland
Membrantyp:
Glasfasergewebe mit
mit speziell formulier-
ter Vinylbeschichtung
Membranfläche:
Aufzüge 650 m²,
Treppenauge
ca. 300 m²
Fertigstellung:
2009

Bedingt durch das erfolgreiche Wachstum in der Vergangenheit, war die Haupt-verwaltung der Versicherung VHV-Gruppe in Hannover auf drei verschiedene Standorte in der Stadt verteilt. Mit dem Neubau der Firmenzentrale verfolgte man das Ziel, die Arbeit der über 2.000 Mitarbeiter hinsichtlich einer schlagkräftigeren Organisation und Kommunikation besser zu bündeln und zugleich ein zukunftsweisendes Energiekonzept zu gestalten.

Die neue Verwaltungszentrale wurde als „Triple" mit drei unabhängigen Einzelgebäuden konzipiert, die durch ein eindrucksvolles Atrium verbunden sind, das den offenen und transparenten Charakter des Gebäudes versinnbildlicht und den zentralen Erschließungsraum und Verkehrsknotenpunkt des Neubaus bildet (1).

Einer der architektonischen Fixpunkte innerhalb des Atriums sind die beiden imposanten Aufzugstürme, die für den Transport zu den sechs- bis siebengeschossigen Verwaltungsgebäuden sorgen. Die Gestaltungsidee der beiden Aufzugstürme entstand dabei unter den Prämissen, dem Atrium in Bezug auf die Proportionen einen „Halt" zu geben und es in der Nachtwirkung durch eine besondere Lichtinszenierung aufzuwerten (2).

In der Ausschreibungsphase konnte ein Spezialunternehmen für textile Architektur und Konzepte mit seiner Detailplanung und dem Materialvorschlag erfolgreich punkten. Hierzu wurde ein Hightech-Gewebe präsentiert, das die gewünschten Anforderungen der Architekten bis ins Detail erfüllte: Neben einer hohen Transluzenz und der durch ein Prüfzeugnis nachgewiesenen, schallreduzierenden Wirkung zur Minderung des Halls innerhalb des riesigen Atriums übertraf das auf Glasfaserträgern basierende Spezialgewebe auch die Brandschutzanforderungen. Es besitzt eine A2-Klassifizierung (nicht brennbar) nach DIN 4102, was einen zusätzlichen Sicherheitsaspekt für dieses Gebäude mit hohem Publikumsverkehr mit sich brachte (6).

Die Konstruktion der beiden Membranröhren besteht aus einem Stahl-Tragring, welcher an der Aufzugskonstruktion angebracht wurde, und daran frei abgehängten Aluminiumringen (5). Diese wurden direkt an Drahtseile montiert, fixieren sich in der Lage durch ein Abstützen mit justierbaren Stellfüßen an der Tragkonstruktion und werden in der Basis von einem Stahlring aufgenommen, der eine Anpassung der Höhen der jeweiligen Röhrensegmente an die Aufzugskonstruktion ermöglicht. Dies war eine entscheidende Voraussetzung, um Bewegungen der Gesamtkonstruktion zu kompensieren, die durch thermische Ausdehnung, Setzungen des Gebäudes sowie durch von der Aufzugsbewegung erzeugte Kräfte entstehen.

Um ein perfektes, faltenfreies Erscheinungsbild der textilen Röhrensegmente zu erreichen, das auch entsprechende Biege- und Schäftungstoleranzen berücksichtigt, wurde vom Entwickler der Membran eine spezielle Befestigungskonstruktion entwickelt. Es handelt sich um ein Aluminiumprofil, welches als Fixierung für einen Keder mit dehnelastischer Anbindung an die Membran dient. Diese Elastizität nimmt sämtliche Zugkräfte auf, die sonst an die Membran übertragen würden; aufgrund seines Materialcharakters kann ja das Glasfasergewebe keine Dehnungen absorbieren.

Ein weiteres Highlight stellt das Treppenhaus im Atrium dar, das analog zur Gestaltung der Aufzugstürme mit einer ähnlichen Membranverkleidung versehen wurde (3). Die Leichtbaukonstruktion mit der Membran ermöglichte dabei eine maximale Ausnutzung der Treppenplanung für den Fußgängerverkehr. Das Glasfaser-Composit wird in einer Gesamtbreite von nur 600 mm in Metallprofilen um die Tragsäulen mit 330 mm Durchmesser geführt (3). Die Metallprofile wurden dabei mit einem hochpräzisen Laserschnitt umgesetzt, um die eng formulierten Konstruktionstoleranzen zu erfüllen. (4). **rp und ws**

1 – Das transparente Atrium verbindet drei unabhängige Gebäudeteile miteinander.

2 – Mit Lichtinszenierungen gestaltete Aufzugstürme ziehen die Blicke auf sich.

3 – Analog ausgeführte Treppenverkleidung.

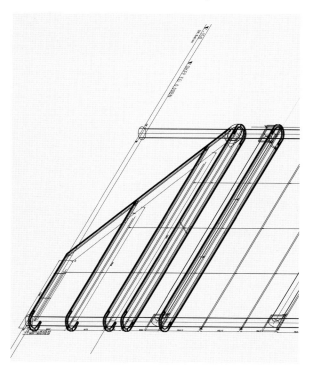

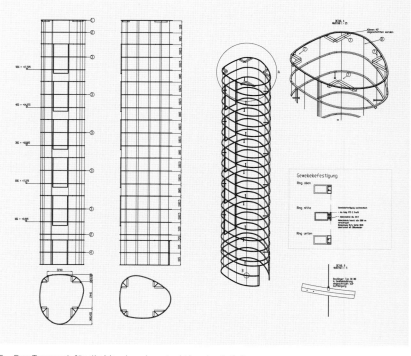

4 – Mit Laserschnitt ausgeführte Befestigungsprofile für die Treppenverkleidung.

5 – Das Tragwerk für die Membrankonstruktion der Aufzüge.

6 – Die Membran, die an Aluminiumringen befestigt ist, reduziert den Nachhall und ist nicht brennbar.

BIBLIOGRAFIE

Architen-Landrell. "The materials of tensile architecture". http://www.architen.com.

Barnes, M.R. "Applications of dynamic relaxation to the design and analysis of cable, membrane and pneumatic structures". In: *Proceedings of the 2nd International Conference on Space Structures*. New York: Guildford, 1975.

Bletzinger, K.U.; Ramm, E. "A general finite element approach to the form finding of tensile structures by the updated reference strategy". *International Journal of Space Structures*, Bd. 14 (1999). S. 131–246.

Blum, R. "Acoustics and heat transfer in textile architecture". Vortrag auf der Fachmesse Techtextil. Frankfurt am Main, 2003.

Braddock Clarke, S.E.; O'Mahony, M. *Techno textiles 2: Revolutionary fabrics for fashion and design*. London: Thames and Hudson, 2008.

Breuer, J.; Ockels, W.; Luchsinger, R.H. "An inflatable wing using the principle of Tensairity". In: *Proceedings of the 48th AIAA/ASME/ASCE/AHS/ASC Structures, Structural Dynamics and Materials Conference*. Hawaii, 2007.

Cox, M.D.G.M.; Gijsbers, R.; Haas, T.C.A. "Applied design of an energy-efficient multi-layered membrane roofing system for climate-control of semi-permanent shelters". In: Kenny, P. et al. (Hrsg.). *Proceedings of the 25th PLEA International Conference on Passive and Low Energy Architecture, 22nd–24th October 2008*. University College Dublin, 2008.

Doriez, B. (Hrsg.). *Architecture textile*. Paris: Éditions A Tempera, 1990.

Drew, P. *Structures tendues, une architecture nouvelle*. Paris: Éditions Actes Sud, 2008.

Forster, B.; Mollaert, M. *European design guide for tensile surface structures*. Brüssel: Tensinet, 2004.

Galliot, C.; Luchsinger, R.H. "A simple model describing the non-linear biaxial tensile behavior of PVC-coated polyester fabrics for use in finite element analysis". *Composite Structures* 90 (4) (2009). S. 438–447.

Haas, T.C.A. de. *Boogstal voor de varkenshouderij*. Graduation report, Eindhoven University of Technology. Eindhoven, 2008.

Haber, R.B.; Abel, J. F. "Initial equilibrium solution methods for cable reinforced membranes – Part I and II". *Computer Methods in Applied Mechanics and Engineering* 30 (1982). S. 263–89 and S. 285–306.

Haug, E.; Powell, G.H. "Finite element analysis of nonlinear membrane structures". In: *IASS Pacific Symposium on Tension Structures and Space Frames*. Tokio und Kioto, 1972. S. 124–135.

Herzog, T.; Minke, G.; Eggers, H. *Pneumatische Konstruktionen*. Stuttgart: Hatje Cantz Verlag, 1976.

Humphries, M. *Fabric reference*. 4. Auflage. Saddle River, NJ: Pearson Education Incorporated, 2009.

International Association for Shell and Spatial Structures (Hrsg.). *Recommendations for air-supported structures*. IASS Working group on pneumatic structures. Madrid, 1985.

Ishii, K. *Membrane designs and structures in the world*. Tokio: Shinkenchiku-sha, 1995.

Knoll, W.H.; Wagenaar, E. J.; van Weele, A.M. *Handboek installatietechniek*. Rotterdam: Stichting ISSO, 2002.

De Laet, L.; Luchsinger, R.H.; Crettol, R.; Mollaert. M.; De Temmermann, N. "Deployable tensairity structures". In: *Journal of the International Association for Shell and Spatial Structures* 50(2) (2009). S. 121–128.

Linkwitz, K.; Schek, H.-J. "Einige Bemerkungen zur Berechnung von vorgespannten Seilnetzkonstruktionen". *Ingenieur-Archiv* 40 (1971). S. 145-158.

Luchsinger, R.H.; Pedretti, A.; Steingruber, P.; Pedretti, M. "Lightweight structures with Tensairity". In: Motro, R. (Hrsg.), *Shell and Spatial Structures from Models to Realizations*. Montpellier: Éditions de l'Espérou, 2004.

Luchsinger, R.H.; Pedretti, A.; Steingruber, P.; Pedretti, M. "The new structural concept Tensairity: Basic principles". In: Zingoni, A. (Hrsg.), *Progress in Structural Engineering, Mechanics and Computations*. London: Balkema, 2004.

Luchsinger, R.H.; Crettol, R. "Experimental and numerical study of spindle shaped Tensairity girders". In *International Journal of Space Structures* 21 (3) (2006). S. 119–130.

Luchsinger, R.H.; Crettol, R.; Plagianakos, T.S. "Temporary structures with Tensairity". In: *International Symposium IASS-SLTE 2008, 3rd Latin American Symposium on Tensile Structures*. Acapulco, 2008.

Lyonnet, C. "Les structures textiles tendues. Analyse de l'existant et identification des problèmes posés". *Cahiers du CSTB* 336, Nr. 2633 (Januar/Februar 1993).

Meffert, B. "Mechanische Eigenschaften PVC-beschichteter Polyestergewebe". Dissertation, RWTH Aachen. Aachen, 1978.

Membrane Structures Association of Japan (Hrsg.), *Testing method for elastic constants of membrane materials*. MSAJ/M-02, 1995.

Motro, R.; Maurin, B. *Membranes textiles architecturales. Comportement mécanique des systèmes tissés*. London: Hermès Science Publishing/Cachan: Lavoisier, 2006. S. 17–70.

Otto, F.; Trostel, R. *Zugbeanspruchte Konstruktionen*. Frankfurt am Main: Ullstein Fachverlag, 1962.

Otto, F.; Trostel, R. *Tensile structures*. Bd. 2. Cambridge, MA: MIT Press, 1967.

Otto, F. *Tensile structures*. Bde. 1 and 2. Cambridge, MA: MIT Press, 1973.

Pedretti, M.; Luscher, R. "Tensairity-Patent – Eine pneumatische Tenso-Struktur". *Stahlbau* 76 (5) (2007). S. 314–319.

Pedretti, A.; Steingruber, P.; Pedretti, M.; Luchsinger, R.H. "The new structural concept Tensairity: FE-modeling and applications". Zingoni, A. (Hrsg.), *Progress in Structural Engineering, Mechanics and Computations*. London: Balkema, 2004.

Plagianakos, T.S.; Teutsch, U.; Crettol, R.; Luchsinger, R.H. "Static response of a spindle-shaped Tensairity column to axial compression". *Engineering Structures* 31 (2009). S. 1822–1831.

Pronk, A.D.C.; Haas, T.C.A. de; Cox, M.G.D.M. "Heat-adapting membrane". In: *Proceedings of the Structural Membranes Conference*. Barcelona, 2007.

Quinn, B. *Textile Futures: Fashion, Design and Technology*. New York: Berg Publishing, 2010.

Ritter, A. *Smart materials in architecture, interior architecture and design*. Basel, Berlin, Boston: Birkhäuser Verlag, 2007.

Rowe, T. (Hrsg.). *Interior Textiles – Design and Developments*. Oxford: Woodhead Publishing, 2009.

Santomauro, R. *Tensoestructuras*. Montevideo: Mastergraf, 2008.

Schock, H.-J. *Soft shells. Design and technology of tensile architecture*. Basel, Berlin, Boston: Birkhäuser Verlag, 1997. S. 102–105.

Teutsch, U. *Tragverhalten von Tensairity-Trägern*. Zürich: vdf Hochschulverlag, 2011.

Topham, S. *Blow up: inflatable art, architecture and design*. München: Prestel Verlag, 2002.

Wakefield, W.; Bown, A. "Marsyas, a large fabric scultpure: construction engineering and installation". In: Onate, E.; Köplin, B. (Hrsg.), *Proceedings of Textile Composite Deflatable Structures Conference*. Barcelona: CIMNE, 2003.

Danksagung

Unsere Arbeitsgruppe Tragwerksplanung („Conception en Structures") des „Laboratoire de Mécanique et Génie Civil" an der Universität Montpellier 2 arbeitet seit vielen Jahren fruchtbar mit der Unternehmensgruppe Serge Ferrari zusammen. Vor einiger Zeit schlug Françoise Fournier, die Beauftragte für textile Architektur der Arbeitsgruppe, mir vor, ein Buch zu flexiblen Verbundmaterialien in Architektur, Bauwesen und Innenarchitektur herauszugeben. Ich wusste damals nicht, was auf mich zukommen würde, und nahm die Herausforderung an! Ich möchte mich an dieser Stelle ganz besonders herzlich bei Françoise Fournier für ihre Initiative zu diesem Buch bedanken, und sie, die nie in den Vordergrund tritt, in dieser Danksagung symbolisch an die erste Stelle setzen. Ohne ihr Engagement wäre dieses Buch nie zustande gekommen. Sébastien Ferrari und Romain Ferrari haben meine Forschungsarbeiten immer unterstützt. Ich hoffe, dass sie diese Worte als Ausdruck meiner Dankbarkeit verstehen!

Die enge Zusammenarbeit mit dem Verlag ist für das Gelingen eines komplexen Buches ein ganz wichtiger Punkt. Daher möchte ich meinen aufrichtigen Dank an die Verlagsmitarbeiter richten, die ihre ganze Erfahrung und Geduld der Realisierung und Produktion dieses Buches gewidmet haben und sich gewissenhaft um die zahllosen Details kümmerten. Nach meinen ersten Begegnungen mit Andreas Müller habe ich vor allem mit Henriette Mueller-Stahl zusammengearbeitet, die einige Monate lang von Michael Wachholz unterstützt wurde. Ich habe bei dieser anspruchsvollen Arbeit eine Menge von ihnen gelernt. Gelernt habe ich auch von Richard Palmer, der sich sehr aktiv um den dritten Teil des Buches gekümmert hat.

Während des Projekts sind mir Menschen begegnet, die uns geholfen haben, für jede der zahllosen Fragen den richtigen Ansprechpartner zu finden. Zu ihnen gehören – ich hoffe, dass ich niemanden vergesse – John Chilton, Manfred Grohmann, Harald Kloft, Kazuo Ishii, Nicolas Pauli, Ronald Shaeffer, Ali Smaili, Jean Vasseur, Bell Warwick und Qiling Zhang. Ich möchte, dass sie wissen, wie dankbar ich ihnen bin.

Dieses Buch wäre ohne die Mitarbeit der Autoren, der Architekten und Ingenieure, deren Projekte hier vorgestellt werden, und der zahlreichen Fotografen, die die Fallbeispiele dokumentiert haben, nicht veröffentlicht worden. Ich hoffe, dass niemand vergessen wurde, der an den Texten aktiv beteiligt war. Besonders intensiv zusammengearbeitet habe ich in diesem Bereich mit Thomas Becksmann, Stefano Bertino, Christian Blaser, Bernard Doriez, Nicolas Goldsmith, Rolf H. Luchsinger, Andrea Giovanni Mainini, Bernard Maurin, Thierry Nabères, Tiziana Poli, Arno Pronk, Walter D. Runza, Osama Thawadi, Ivo Vrouwe und Liliane Wong.

Und nicht zuletzt möchte noch all denen danken, die mein Leben in beruflicher und in privater Hinsicht teilen und die ich nicht namentlich erwähnen muss.

Stefano Bertino, 1957 in Bergamo (Italien) geboren, studierte Architektur am Polytechnikum Mailand (1983). Er interessiert sich seit seinem Studienabschluss für Leichtbaustrukturen, beschäftigte sich in einem permanenten Cross-Over der Fertigkeiten, Ideen, Tools und Techniken mit verschiedenen Themen und gründete die Firma Tensoforma in Italien. Er arbeitet seit vielen Jahren mit dem Büro AIC Architekten+Ingenieure in Stuttgart zusammen und ist Lehrbeauftragter am Istituto Europeo di Design in Mailand. Im Mittelpunkt seiner Arbeit stehen Leichtbaustrukturen, textile Architektur und die Verwendung von Textiltechniken in der Architektur. Mehrere der von ihm entwickelten Produkte und Prozesse wurden patentiert.

Mark Cox, 1968 in Roermond (Niederlande) geboren, studierte Physik an der Technischen Universität Eindhoven (1995). Er arbeitete zunächst als Berater für Bauphysik, Gebäudetechnik und Produktentwicklung in der Industrie. Seit 2005 ist er am Fachbereich Architektur, Bau und Planung der Technischen Universität Eindhoven in der Forschung tätig, wo er derzeit meist mit Roel Gijsbers, Doktorand für flexible Strukturen, und Tim de Haas zusammenarbeitet. Ihre Forschungstätigkeit konzentriert sich auf die Entwicklung neuer Produkte und Konzepte unter den Aspekten Energieeffizienz, Komfort und Flexibilität für eine Reihe von Unternehmen, die sich in ihrer Entwicklungsarbeit auch auf die universitäre Forschung stützen.

Bernard Doriez, 1952 in Arras (Frankreich) geboren, gründete 1982 die Firma SNBBS in Sète. Er war fünf Jahre lang (1990–1995) Vizepräsident der Kommission für textile Architektur des französischen Verbands Relais Textiles Techniques. Er ist Autor des Buches *Architecture Textile* (Verlag A Tempera) und organisierte die Rencontres de l'Architecture Textile 1990 in Nîmes . Derzeit arbeitet er als Berater und technischer Experte für Relais Textiles Techniques (Frankreich, Deutschland, Spanien) und Serge Ferrari.

Romain Ferrari wurde 1960 in Lyon (Frankreich) geboren. Nach einem naturwissenschaftlich orientierten Abitur studierte er an der Schule für Gewässerkunde der französischen Handelsmarine, in die er 1980 eintrat. Drei Jahre später erhielt er sein Offizierspatent (Ingenieur) C1NM (Kapitän 1. Klasse Nautik). Er wurde als Reserveoffizier der französischen Marine eingezogen und diente zwischen 1984 und 1985 im Libanon auf dem Flugzeugträger Clémenceau. Anschließend arbeitete er fünf Jahre lang als Projektingenieur bei SEM-Technip, bevor er sich selbstständig machte und ab 1991 die Geschäftsleitung von Ferrari Textiles (jetzt Serge Ferrari) übernahm. Romain Ferrari ist Mitglied der Ideenfabrik Terre démocrate, für die er einen Workshop zu umweltfreundlichen Produktionsverfahren leitet. Diese Organisation fördert Initiativen mit dem Ziel, das wirtschaftliche Leben ökologischer, demokratischer, gerechter und humaner zu gestalten. Romain Ferrari hat außerdem eine Forschungsstiftung zu Umweltökonomie und den finanziellen Auswirkungen von Umweltbelastungen ins Leben gerufen.

Roel Gijsbers, 1981 in Boekel (Niederlande) geboren, arbeitet am Fachbereich Gebaute Umwelt der Technischen Universität Eindhoven in den Forschungsbereichen Bautechnologie und Produktentwicklung. Er entwickelte den flexiblen Bogenstall Boogstal und hat an einer Reihe weiterer Projekte mitgearbeitet, die sich daraus ableiteten. Er promovierte zum Thema flexible Verwendung und Anpassungsfähigkeit von Gebäuden unter besonderer Beachtung der statischen Anpassungsfähigkeit. Weitere Forschungstätigkeiten konzentrieren sich auf Lösungen für Notunterkünfte in Katastrophengebieten.

Ines de Giuli, 1981 geboren, ist Historikerin und Kunsthistorikerin. Im Zuge ihrer Spezialisierung auf zeitgenössische Kulturgeschichte arbeitete sie über die künstlerischen Beziehungen zwischen der „École de Paris" der Nachkriegszeit und Japan, wo sie einige Zeit gelebt hat. Sie erstellte ein lokalhistorisches Buch für die Stadt Vaucresson in der Nähe von Paris und verfasste einen Teil der Texte zu den Werken der Kunstsammlung der französischen Bank Société Générale. Derzeit engagiert sie sich als Autorin von Artikeln und Büchern und als Organisatorin von Ausstellungen zur Förderung von Industriedenkmälern. Seit 2010 gehört sie dem Team des Online-Magazins *Histoire d'Entreprise* (www.histoire-entreprise.fr) an.

Tim de Haas, 1980 in Geleen (Niederlande) geboren, studierte Bautechnologie in Haarlem und Produktentwicklung (für die Architektur) an der Technischen Universität Eindhoven (2008). Er schrieb seine Diplomarbeit über eine vorgespannte Wärmerückgewinnungseinheit als Teil eines lichtdurchlässigen vorgespannten Daches. Seit 2007 arbeitet er im Fachbereich Architektur, Bau und Planung der Technischen Universität Eindhoven in den Forschungsbereichen Bauphysik, Bautechnologie, Tragkonstruktionen und Produktentwicklung. Zu seinen Interessen gehören ferner neue Lösungen für Notunterkünfte in Katastrophengebieten. Im Mittelpunkt seiner Forschungstätigkeit steht die Entwicklung neuer Produkte und Konzepte unter den Aspekten Energieeffizienz, Komfort und Flexibilität für kleine und mittlere Unternehmen sowie Nichtregierungsorganisationen.

Rolf H. Luchsinger, 1966 in Aarau (Schweiz) geboren, promovierte über computergestützte Physik. Nach langjähriger wissenschaftlicher Forschungstätigkeit an Universitäten und in der Industrie trat er 2002 in die Schweizer Firma Prospective Concepts AG ein, wo er sich mit textilen und aufblasbaren Tragstrukturen beschäftigte. Seit 2006 leitet er das Center for Synergetic Structures der Eidgenössischen Materialprüfungs- und Forschungsanstalt (Empa), wo die Erforschung und Entwicklung neuer Leichtbaustrukturen, insbesondere der Tensairity-Technologie, im Mittelpunkt steht. Er ist Autor zahlreicher wissenschaftlicher Veröffentlichungen.

Andrea Giovanni Mainini, 1980 in Gallarate (Italien) geboren, promovierte in Bauingenieurwesen am Polytechnikum Mailand. Derzeit arbeitet er als Postdoc-Stipendiat in den Forschungsbereichen Bautechnologie und Energiesimulation. Er ist Mitglied der TiSco Group am Fachbereich B.E.S.T. (Building Environment Science and Technology) des Polytechnikums Mailand. Schwerpunkte seiner Forschungsarbeit sind die Energieeffizienz von Gebäuden, Nullenergiehäuser und die Verwendung erneuerbarer Ressourcen, die Optimierung von Wärmebrücken sowie die solaroptische Charakterisierung von Gebäudehüllen. Er arbeitet als Energieberater für Hersteller von Bauprodukten, ist Kursleiter in der beruflichen Weiterbildung (vor allem zur Energiezertifizierung) und Autor zahlreicher nationaler und einiger internationaler Publikationen.

Bernard Maurin ist Professor an der Universität Montpellier 2, wo er die Arbeitsgruppe zu Entwurfsprozessen für Tragwerke des Labors für Mechanik und Bauingenieurwesen (Laboratoire de Mécanique et Génie Civil) leitet. Sein Forschungsinteresse gilt den Formfindungs- und Planungsprozessen innovativer Tragstrukturen: Leichtbaustrukturen, Tensegrity-Systeme, hybride Leichtbaustrukturen, die sich entfalten können, sowie Freiformarchitektur.

Anais Missakian, geboren in Genf (Schweiz), ist Hochschullehrerin an der Rhode Island School of Design und Leiterin des dortigen Fachbereichs Textilien. Als Designberaterin in der Textilindustrie hat sie 25 Jahre lang Textilkollektionen für den amerikanischen Binnenmarkt entworfen. Anais Missakian hat ihren Bachelor of Fine Arts in Textilien nach dem Besuch der Michigan State University und des Central Saint Martins College an der RISD erworben.

René Motro, 1946 in Paris geboren, widmete seine wissenschaftliche Arbeit den Leichtbaustrukturen, insbesondere der textilen Architektur und Tensegrity-Systemen. Er veröffentlichte in verschiedenen internationalen Zeitschriften, hielt über 150 Vorträge, war Autor und/oder Mitherausgeber von fünf Büchern und beteiligte sich an zahlreichen gemeinschaftlichen Buchprojekten. Er ist emeritierter Professor der Universität Montpellier, Chefredakteur der Zeitschrift *International Journal of Space Structures* und Präsident der International Association for Shell and Spatial Structures (IASS). Er erhielt dreimal den Tsuboi Award (1998, 2007 und 2009) und im Jahr 2002 den Pioneer Award.

Khipra Nichols, geboren in Pennsylvania (USA), ist außerordentlicher Professor und Leiter des Masterstudiengangs Industriedesign der Rhode Island School of Design. Er absolvierte seinen Bachelor of Industrial Design an der RISD und arbeitete anschließend als Chefdesigner der Playskool Baby Division von Hasbro. Während seiner Tätigkeit bei Hasbro wurden 16 seiner Spielzeug-Designentwürfe für Kinder und Jugendliche patentiert, und mehr als 250 seiner Entwürfe wurden auf den Markt gebracht.

Richard Palmer, 1955 in Reading (England) geboren, studierte Bauingenieurwesen an der University of Manchester und arbeitete nach seinem Abschluss als Diplomingenieur in Großbritannien und weltweit. Heute widmet er sich, von seinem Wohnsitz in der Nähe des Genfer Sees in Südostfrankreich aus arbeitend, seinem Spezialgebiet, der Leistungsfähigkeit und Erhaltung von Gebäuden und Ingenieurbauten. Seine Begeisterung für Technologie und das geschriebene Wort ließen ihn auch als Autor und Herausgeber technischer Veröffentlichungen aktiv werden.

Tiziana Poli, 1968 in Mailand geboren, promovierte in Bauingenieurwesen und ist Lehrbeauftragte für Architektur und Bautechnologie am Polytechnikum Mailand. Seit 2003 ist sie Mitglied des wissenschaftlichen Ausschusses der B.E.S.T.-Forschungseinheit (Built Environment Science and Technology Laboratory) am Polytechnikum Mailand. Ihre Forschungsarbeit konzentriert sich auf neue Technologien für Gebäudehüllen und Niedrigenergiegebäude, insbesondere auf die solaroptische Charakterisierung von Gebäudehüllen; ferner beschäftigt sie sich mit den Auswirkungen von Wärmeinseln und von Gebäudehüllen auf das Stadtklima. Sie berät Unternehmen bei der Bauplanung und ist Autorin zahlreicher nationaler und internationaler Publikationen.

Arno Pronk, 1967 in St. Anna Jacobapolder (Niederlande) geboren, studierte Architektur an der Technischen Universität Delft (1994). Nach seinem Studienabschluss arbeitete er als Produktentwickler und Architekt, entwickelte mehrere patentierte Produkte und war wissenschaftlicher Assistent an der Technischen Universität Delft. Derzeit ist er wissenschaftlicher Assistent im Forschungsbereich Bautechnologie und Produktentwicklung an der Technischen Universität Eindhoven, Lektor und wissenschaftlicher Koordinator für Bautechnologie an der Hochschule für Architektur Sint-Lucas, LUCA, einem Campus der KU Leuven Association, sowie Chefredakteur von *NBD Bouwdetails* und stellvertretender Vorsitzender der International Society of Fabric Forming (ISOFF). Seine Forschungstätigkeiten konzentrieren sich auf flexible Formtechniken in Bezug auf fließende Formen in der Freiform-Architektur.

Wolfgang Sterz, 1964 in Landshut (Deutschland) geboren, absolvierte eine Ausbildung zum Verlagsfachwirt im Bereich Herstellung an der Fachakademie für Verlagswirtschaft in München und begann seine berufliche Karriere als Layouter und Produktioner bei der Architekturzeitschrift *AIT*. Danach orientierte er sich in Richtung Werbung und Kommunikationsdienste und ist seit 1997 Mitinhaber der Werbe- und PR-Agentur HTP Communications in München. Hier betreut er internationale Kunden vor allem aus den Bereichen Bauen, Architektur und Inneneinrichtung als Berater, PR-Manager und Autor für Projektdokumentationen.

Jean Vasseur, 1964 in Frankreich geboren, arbeitete als Rundfunkjournalist in Frankreich und in den Vereinigten Staaten. Seinen Geschäftseinstieg hatte er 1990 mit Jean Vasseur Communication. Seitdem gründete er verschiedene Firmen und schuf eine mittelgroße Unternehmensgruppe für Kommunikationsdienste, die ein großes Spektrum an Leistungen anbietet, einschließlich digitaler und interaktiver Kommunikation. Erst kürzlich gründete er in Frankreich die erste Zeitschrift, die sich firmengeschichtlichen Themen widmet (www.histoire-entreprises.fr).

Ivo Vrouwe, 1979 in Amsterdam geboren, studierte Bautechnologie in Amsterdam und Bauproduktentwicklung an der Technischen Universität Eindhoven (2006). Er arbeitete als Konstrukteur und Ingenieur für Membranstrukturen bei Tentech in Utrecht und als Assistent mit Lehrauftrag an der Technischen Universität Eindhoven. 2008 eröffnete er als Baudesigner/Ingenieur sein eigenes Büro Workshop IV. Derzeit ist er Dozent an der Kunstakademie in Utrecht und an der Hochschule für Architektur Sint-Lucas, LUCA, die zur KU Leuven Association gehört. Er konzentriert sich in seiner Arbeit und Forschung auf künstlerische und architektonische Anwendungen von Textiltechniken und Tektonik.

Liliane Wong, geboren in Hongkong, absolvierte ihren Master of Architecture an der Harvard University Graduate School of Design und einen Bachelor of Arts in Mathematik am Vassar College. Sie ist Hochschullehrerin an der Rhode Island School of Design, wo sie seit 1998 unterrichtet und derzeit den Fachbereich für Innenarchitektur leitet. Sie ist Mitinitiatorin und Mitherausgeberin des *Int|AR Journal on Interventions and Adaptive Reuse* und amtlich zugelassene Architektin im US-Bundesstaat Massachusetts.

Jeroen Weijers, 1984 in Roermond (Niederlande) geboren, studierte Bautechnologie und Produktentwicklung an der Technischen Universität Eindhoven (2010). Seit seiner Diplomarbeit über eine Fertigkomponente als Teil eines intelligenten Renovierungskonzepts für Solarhäuser arbeitet er als Fassadeningenieur. Schwerpunkt seiner Arbeit sind nachhaltige Gebäudehüllen für Niedrigenergiegebäude, für die er innovative Produktentwicklungen in avancierte Architektur integriert.

BILDNACHWEIS